揚子法言

〔漢〕揚雄 撰
〔晉〕李軌 注

齊魯書社
·濟南·

圖書在版編目（CIP）數據

揚子法言 / (漢) 揚雄撰 ; (晉) 李軌注. -- 濟南 : 齊魯書社, 2024. 9. -- (《儒典》精粹). -- ISBN 978-7-5333-4928-8

Ⅰ. B234.99

中國國家版本館CIP數據核字第20248X68N2號

責任編輯　劉　强　馬素雅
裝幀設計　亓旭欣

揚子法言

YANGZI FAYAN

〔漢〕揚雄　撰　〔晉〕李軌　注

主管單位　山東出版傳媒股份有限公司
出版發行　齊魯書社
社　　址　濟南市市中區舜耕路517號
郵　　編　250003
網　　址　www.qlss.com.cn
電子郵箱　qilupress@126.com
營銷中心　（0531）82098521　82098519　82098517
印　　刷　山東臨沂新華印刷物流集團有限責任公司
開　　本　880mm × 1230mm　1/32
印　　張　5
插　　頁　2
版　　次　2024年9月第1版
印　　次　2024年9月第1次印刷
標準書號　ISBN 978-7-5333-4928-8
定　　價　46.00圓

《〈儒典〉精粹》出版説明

《儒典》是對儒家經典的一次精選和萃編，集合了儒學著作的優良版本，展示了儒學發展的歷史脉絡。其中，《義理典》《志傳典》共收録六十九種元典，由齊魯書社出版。鑒於《儒典》采用套書和綫裝的形式，部頭大，價格高，不便於購買和日常使用，我們决定以《〈儒典〉精粹》爲叢書名，推出系列精裝單行本。

叢書約請古典文獻學領域的專家學者精選書目，并爲每種書撰寫解題，介紹作者生平、内容、版本流傳等情况，文簡義豐。叢書共三十三種，主要包括儒學研究的代表性專著和儒學人物的師承傳記兩大類。版本珍稀，不乏宋元善本。對於版心偏大者，適度縮小。爲便於檢索，另編排目録。不足之處，敬請讀者朋友批評指正。

齊魯書社

二〇二四年八月

《〈儒典〉精粹》書目（三十三種三十四册）

孔氏家語
荀子集解
孔叢子
春秋繁露
春秋繁露義證
鹽鐵論
新序
揚子法言
白虎通德論
潛夫論
中説
太極圖説　通書
龜山先生語録
張子語録
傳習録
張子正蒙注
先聖大訓
近思録
四存編
孔氏家儀
帝範
帝學
温公家範
文公家禮
聖門禮樂誌
東家雜記
孔氏祖庭廣記
伊洛淵源録
伊洛淵源續録
國朝漢學師承記
國朝宋學淵源記
孔子編年
孟子年表

解題

揚子法言十三卷音義一卷，漢揚雄撰，晋李軌注，宋刻宋元遞修本

揚雄字子雲，蜀郡成都（今四川成都郫都區）人。少而好學，博學多識，酷好辭賦。爲人簡易佚蕩，口吃不能劇談。好深思，少嗜欲，不汲汲於富貴，不戚戚於貧賤。嘗仿《周易》而作《太玄經》，持以自守。時有嘲諷之者，雄則仿東方朔《答客難》而作《解嘲》。又仿《論語》而作《法言》十三篇，時人莫能識，唯劉歆、范逡深敬之。大司馬王音召爲門下史，推薦爲待詔。成帝時，任給事黄門郎。王莽稱帝後，揚雄校書於天禄閣。傳見《漢書》本傳。

《漢書·藝文志》於儒家類著録『揚雄所序三十八篇』，注曰『《法言》十三』，即《法言》共十三篇。《漢書》本傳列其目曰：學行第一、吾子第二、修身第三、問道第四、問神第五、問明第六、寡見第七、五百第八、先知第九、重黎第十、淵騫第十一、君子第十二、孝至第十三。至晋，有李軌注本，《隋書·經籍志》著録爲十五卷，《新唐書·藝文志》著録爲三卷，篇卷厘合頗有出入。宋刻李軌注《揚子法言》，析爲十三卷，乃篇各爲卷。

自漢至北宋時，爲《揚子法言》作注者有漢侯芭、吴宋衷、晋李軌、隋辛德源、唐柳宗元、宋宋咸、吴祕等。司馬光裒合李軌、柳宗元、宋咸、吴祕四家，形成五臣集注。自是以下，始有五臣注本。宋淳熙八年（一一八一）刻本《揚子法言》，爲五臣注現存最早的刻本。自此之後，傳刻之本率以此爲依歸，而各家單注本反而隱微不顯，逐漸失傳。

此宋刻李軌單注本，宋諱恒、慎等字均缺末筆，刊工章忠、吴中、秦顯又見宋刻《南齊書》，王壽、章忠又見宋刻《太玄經》，此書當爲南宋孝宗、光宗時覆刻北宋治平國子監本。按此本清代秦氏石研齋曾據以覆刻，注明缺頁依何焯校本補刊。今檢此本，秦氏所言缺頁俱在，且與補刊諸頁迥不相侔，行格文字多有齟齬。秦氏本易見，終不能替代宋刻原本的校勘價值。

李振聚

目録

揚子法言學行卷第一

夫學者所以仁其性命之本本而道生是故冠乎衆篇之首也

李軌注

學行之上也言之次也教人又其次也咸無焉爲衆人此三者教之大倫也皆無此三者民斯爲下矣或曰人羨久生將以學也可謂好學已乎曰未之好也學不羨仲尼志道朝聞夕死揚子好學不羨久生天之道不在仲尼乎不在在也言在仲尼也仲尼駕說者也不在茲儒乎駕傳也茲此也如將復駕其所說則莫若使諸儒金口而木舌金寶其口木質其舌傳言如此則是仲尼常在矣或曰學無益也如質何曰未之思矣夫有刀者礲諸有玉者錯諸不礲不錯焉假用礲錯治三名龍[illegible]

錯諸質在其中矣否則輟否不也輟止也此章各盡其性分而已螟蛉之子殪而逢蜾蠃祝之曰類我類我久則肖之矣速哉七十子之肖仲尼也肖類也蜾蠃過螟蛉而受化久乃變成蜂爾七十子之類仲尼又速於是學以治之思以精之朋友以磨之切磋琢磨名譽以崇之不倦以終之可謂好學也已矣上士聞此五者勤而行之不可謂不好也孔子習周公者也顏淵習孔子者也羿逢蒙分其弓良捨其策般投其斧而習諸孰曰非也或曰此名也彼名也處一焉而已矣曰川有瀆山有嶽高而且大者衆人所不能踰也言諸賢之有妙藝猶百川之有四瀆衆山之有五嶽而川可度嶽可登高而且大者惟聖人之道如天不可升也或問世

言鑄金金可鑄與方術之[illegible]言[illegible]銅五石化爲黃金故有此問曰吾聞覿君子者問鑄人不問鑄金或曰人可鑄與曰孔子鑄顏淵矣鑄之令殆庶幾或人踧爾曰旨哉問鑄金得鑄人踧爾驚貌旨美也喜於問財而得爲人富莫大焉利莫重焉學者所以修性也視聽言貌思性所有也學則正否則邪師哉師哉桐子之命也桐侗也桐子侗然未有所知之時制命於師也再言之者歎爲人師制人善惡之命不可不明慎也務學不如務求師求師者就有道而正焉師者人之模範也模不模範不範爲不少矣傷夫欲爲而不得其道者多矣一鬨之市不勝異意焉賣者欲貴買者欲賤非異如何一卷之書不勝異說焉一鬨之市必立之平一卷之書必立之

師（市無平必失貴賤之正　書無師必謬典謨之旨）習乎習（數所玩也）以習非之勝是況習是之勝非乎於戲學者審其是而已矣或曰焉知是而習之曰視日月而知衆星之蔑也仰聖人而知衆說之小也（大小之相形　高下之相傾）學之爲王者事其已久矣堯舜禹湯文武汲汲仲尼皇皇其已久矣

或問進曰水或曰爲其不捨晝夜與曰有是哉滿而後漸者其水乎（水滿坎而後進　人學傳而後升）

或問鴻漸曰非其往不往非其居不居漸猶水乎（鴻之不失寒暑亦猶水之因地制行）請問木漸曰止於下而漸於

上者其本也哉亦猶水而已矣上沃下者根本也於上者枝條也士[illegible]道義爲根本業貴無虧[illegible]禮學如枝條德貴日新吾未見好斧藻其德若斧藻其楶者也斧藻猶刻桷丹楹之飾楶櫨也鳥獸觸其情者也衆人則異乎人由禮義閑其邪情故異於鳥獸也賢人則異衆人矣奉宣訓誨聖人則異賢人矣制立禮教禮義之作有以矣夫言訓物者其豈從哉人而不學雖無憂如禽何是以聖人作爲禮以敎人使人以有禮知自別於禽獸學者所以求爲君子也求而不得者有矣夫未有不求而得之者也有其具猶成不能成其事無其志必不能立其業睎驥之馬亦驥之乘也睎顏之人亦顏之徒也或曰顏徒易乎曰睎之則是曰昔顏嘗睎夫子矣正考

甫嘗睎尹吉甫矣正考甫宋襄公之臣也尹吉甫周宣王之臣也吉甫作周頌正考甫慕之而作商頌公子奚斯嘗睎正考甫矣奚斯魯僖公之臣也慕正考甫作魯頌不欲睎則已矣如欲睎孰禦焉

或曰書與經同而世不尚治之可乎曰可或人啞爾笑曰須以發策決科射以決科經以策試今徒治同經之書而不見策用故笑之曰大人之學也為道小人之學也為利子為道乎為利乎

或曰耕不獲獵不饗耕獵乎曰耕道而得道獵德而得德是獲饗已耕獵如此利莫大焉吾不覩參辰之相比也是以君子貴遷善遷善者聖人之徒與

[illegible]也徒[illegible]弟子也百川學海而至于海行之不息歸之不已丘陵學山不至于山是故惡夫畫也畫止頻頻之黨甚於鶤斯亦賊夫糧食而已矣鶤斯羣行啄穀喻人黨[illegible]比游宴賊害糧食有損無益也朋而不心面朋也友而不心面友也匿怨仲尼之所恥面朋揚子之所譏或謂子之治產不如丹圭之富曰吾聞先生相與言則以仁與義市井相與言則以財與利如其富如其富或曰先生生無以養也死無以葬也如之何曰以其所以養養之至也以其所葬葬之至也養不必豐葬不必厚各順其宜惟義所在或曰猗頓之富以為孝不亦至乎顏其餒矣曰彼以其粗顏以其精

彼以其回顏以其貞回邪也貞正也顏其劣乎顏其劣乎至足者外物不能累其內或曰使我紆朱懷金其樂不可量巳曰紆朱懷金者之樂不如顏氏子之樂顏氏子之樂也內至樂內足不待於外紆朱懷金者之樂也外內樂不足是故假於金朱外物爾乃說樂也或曰請問屢空之內欲以此義朝揚子也曰顏不孔雖得天下不足以為樂然亦有苦乎曰顏苦孔之卓之至也或人瞿然曰茲苦也祇其所以為樂也與曰有教立道無心仲尼有學術業無心顏淵或曰立道仲尼不可為思矣術業顏淵不可為力矣曰未之思也孰御焉孔子習周公顏回習孔子無止之者

揚子法言卷第一

揚子法言吾子卷第二 宗本在乎抑末學大道絕乎小辯也

李軌注

或問吾子少而好賦曰然童子彫蟲篆刻少年之事俄而曰壯夫不為也悔作之也或曰賦可以諷乎曰諷乎騶歎之聲也諷則已不已吾恐不免於勸也相如作大人賦武帝臨覽之乃飄飄然有陵雲之志或曰霧縠之組麗言可好也曰女工之蠹矣霧縠雖麗蠹害女工辭賦雖巧惑亂聖典劒客論曰劒可以愛身言擊劒可以衛護愛身辭賦可以諷諭勸人也曰狴犴使人多禮乎言狴犴使人多禮辭賦使人放蕩惑亂也或問景差唐勒宋玉枚乘之賦也益乎曰必也淫言無益於正也淫則奈何曰詩人之賦麗以則陳威儀布法則辭人

之賦麗以淫（奢侈相勝靡麗相越不歸於正也）如孔氏之門用賦也則賈誼升堂相如入室矣如其不用何或問蒼蠅紅紫（蒼蠅間于白黑紅紫似朱而非朱也）曰明視問鄭衛之似曰聰聽或曰朱曠不世如之何曰亦精之而已矣或問交五聲十二律也或雅或鄭何也（交猶和也五聲宮商羽徵羽也十二律者十二月之律呂也）曰中正則雅多哇則鄭（中正者宮商溫雅也多哇者淫聲繁越也）請問本曰黃鍾以生之中正以平之確乎鄭衛不能入也（聲平和則鄭衛不能入也學業常正則雜說不能傾也書得本則罷佞不能謬也）或曰女有色書亦有色乎曰有女惡華丹之亂窈窕也書惡淫辭之淈法度也或問屈原智乎曰如玉

如瑩爰變丹青如其智如其智夫智者達天命審行廢如玉如瑩磨而不
磷令屈原放逐感激爰變雖有文彩丹青之倫爾或問君子尚辭乎曰君子
事之爲尚貴事實賤虛辭事勝辭則伉辭勝事則賦事
辭稱則經夫事功多而辭美少則聽聲者伉其動也事功省而辭美多則賦頌者虛過也事辭相稱乃合經典足言足容德之藻矣足言夸毗之辭足容威儀之面言皆藻飾之僞非篤實之真
或問公孫龍詭辭數萬以爲法法與曰斷木爲
棊梡革爲鞠亦皆有法焉不合乎先王之法者
君子不法也大匠之誨人也必以規矩君子之訓物也必以仁義觀書者譬諸
觀山及水升東岳而知衆山之峛崺也況介丘
乎浮滄海而知江河之惡沱也況枯澤乎舍舟

航而濟乎瀆者末矣舍五經而濟乎道者末矣末無
棄常珍而嗜乎異饌者惡覩其識味也委大聖
而好乎諸子者惡覩其識道也山𡼏之蹊不可
勝由矣向牆之戶不可勝入矣曰惡由入曰孔氏
孔氏者戶也曰子戶乎曰戶哉戶哉吾獨有不
戶者矣惡人不由聖人之道者也或欲學蒼頡史篇多知奇難之字故欲學之
曰史乎史乎愈於妄闕也再言史乎者善之也言勝於不[illegible]而妄名不知而闕廢
或曰有人焉曰云姓孔而字仲尼入其門升其
堂伏其几襲其裳則可謂仲尼乎曰其文是也
其質非也敢問質曰羊質而虎皮見草而說見

豺而戰忘其皮之虎矣羊假虎皮見豺則戰人假僞名者實則窮聖人虎別其文炳也如虎之別百獸炳然殊異君子豹別其文蔚也蔚然有文章而次虎也辯人貍別其文萃也萃然有文采異於貔貅貍變則豹豹變則虎好書而不要諸仲尼書肆也賣書市肆不能釋義好說而不要諸仲尼說鈴也鈴以諭小聲猶小說不合大雅君子言也無擇非法不言何所擇乎聽也無淫非正不聽何有淫乎擇則亂淫則辟言有可擇則穢亂聽有淫侈則邪辟述正道而稍邪哆者有矣未有述邪哆而稍正也習貫生常孔子之道其較且易也言較然易知或曰童而習之白紛如也言皓首而亂何其較且易曰謂其不姦姦不詐詐也不姦姦者以虛受人也不詐詐者以正教人也如姦姦而

詐詐雖有耳目焉得而正諸 姦姦者以姦欺姦詐詐者以詐欺詐 多聞則守之以約 所守簡要 多見則守之以卓 所覩廣遠 寡聞則無約也寡見則無卓也 少聞無要約之守少見無卓絕之照 綠衣三百色如之何矣紵絮三千寒如之何矣 綠衣雖有三百領色雜不可入宗廟紵絮雖有三千紙單薄不可以禦冬寒文賦雜子不可以經聖典 君子之道有四易簡而易用也要而易守也炳而易見也法而易言也震風陵雨 陵暴 然後知夏屋之為幈幪也 幈幪蓋覆 虐政虐世然後知聖人之為郛郭也 郛郭限内外禦姦宄聖人崇仁義正愆違 古者揚墨塞路孟子辭而闢之廓如也後之塞路者有矣竊自比於孟子或曰人各是其所

是而非其所非將誰使正之曰萬物紛錯則懸
諸天衆言淆亂則折諸聖或曰惡覩乎聖而折
諸曰在則人亡則書其統一也

楊子法言卷第二

揚子法言卷第三

求己以反本守母以存子此其大要

李軌注

修身以爲弓矯思以爲矢立義以爲的奠而後發發必中矣無敵於天下也人之性也善惡混混雜也荀子以爲人性惡孟子以爲人性善而揚子以爲人性雜三子取譬雖異然大同儒教一言尋統厥義兼通耳惟聖罔念作狂惟狂克念作聖揚子之言備極兩家反覆之喻於是俱暢修其善則爲善人修其惡則爲惡人所謂混也氣也者所以適善惡之馬也與御氣爲人若御馬涉道由通衢則迅利適惡路則駑蹇

或曰孔子之事多矣不用則亦勤且憂乎曰聖人樂天知命樂天則不勤知命則不憂

或問銘曰銘哉銘哉有意於慎也歎美戒慎之至聖人

之辭可爲也使人信之所不可爲也是以君子彊學而力行貴今信敬素著珍其貨而後市貨珍價必貴修其身而後交身修交必固善其謀而後動成道也無所不通君子之所愼言禮書愼言無口過愼禮無失儀言禮是愼兼之於書上交不諂下交不驕則可以有爲矣或曰君子自守奚其交曰天地交萬物生人道交功勳成奚其守天地之交以道人道之交以理俱當順天人之道理而無所迂逆也好大而不爲大不大矣好高而不爲高不高矣仰天庭而知天下之居卑也哉覩聖道然後知諸子之淺小公儀子董仲舒之才之邵也公儀子爲魯相婦織於室遣去之園有葵拔弃之不與民爭利也董仲舒爲江都相下帷三年不闚園此二子才德高美使見善不明用心不剛儒克

爾（儔誰）或問仁義禮智信之用曰仁宅也義路也禮服也智燭也信符也（仁如居宅可以安身義如道路可以安行禮如衣服可以表儀智如燈燭可以照察信如符契可以致誠）處宅由路正服明燭執符君子不動動斯得矣有意哉孟子曰夫有意而不至者有矣未有無意而至者也或問治己曰治己以仲尼或曰治己以仲尼仲尼奚寡也曰率馬以驥不亦可乎

或曰田圃田者莠喬喬思遠人者心忉忉（雖有喬喬之莠其穀不可得雖懷忉忉之思遠人不可見言仲尼之道深遠不可以治學）曰日有光月有明三年不目日視必盲三年不目月精必矇（不見日月而盲）

矇以諭不學爲闇人熒魂曠枯糟莩曠沈莩熟也擿埴索塗冥行而已矣埴土也盲人以杖擿地而求道雖用白日無異夜行夜行之義面墻之諭也或問何如斯謂之人曰取四重去四輕則可謂之人曰何謂四重曰重言重行重貌重好言重則有法行重則有德貌重則有威好重則有觀可觀望也敢問四輕曰言輕則招憂行輕則招辜貌輕則招辱好輕則招淫禮多儀美其多威儀也或曰日昃不食肉肉必乾日昃不飲酒酒必酸賓主百拜而酒三行不已華乎曰實無華則野華無實則賈華實副則禮華實相副然後合禮文質彬彬然後君子山雌之肥其意得乎或

曰回之簞瓢臞如之何曰明明在上百官牛羊亦山雌也闇闇在上簞瓢捽茹亦山雌也何其臞千鈞之輕烏獲力也簞瓢之樂顏氏德也千鈞之重烏獲舉之而輕多力耳簞食瓢飲顏氏處之而樂德盛也或問犂牛之鞹與玄騂之鞹有以異乎曰同然則何以不犂也曰將致孝乎鬼神不敢以其犂也宗廟貴純色君子貴純德如刲羊刺豕罷賓犒師惡在犂不犂也刲羊義見易有德者好問聖人或曰魯人鮮德奚其好問仲尼也言魯定哀公孟仲季孫皆問仲尼曰魯未能好問仲尼故也如好問仲尼則魯作東周矣或問人有倚孔子之牆弦鄭衛

之聲誦韓莊之書則引諸門乎曰在夷貉則引之倚門牆則麾之（莊周與韓非同貫不亦甚乎惑者甚衆敢問何謂也曰莊雖借諭以爲通妙而世多不解韓誠觸情以言治而險薄傷化然則周之益也其利迂緩非之損也其害文急仁既失中兩不與耳亦不以齊其優劣比量多少也絲斯以往何嫌乎哉又問曰自此以下凡論諸子莫不連言乎莊生者何也荅曰妙指非見形而不及道者之言所能統故每盡其妙寄而去其麤迹一以貫之應近而已）惜乎衣未成而轉爲裳也（衣上也裳下也聖典本也諸子末也轉上爲下捨本而逐末者是可惜）聖人耳不順乎非（惟正之聽）口不肆乎善（性與天道發言成章不肆習）賢者耳擇口擇（耳擇所聽口擇所言）衆人無擇焉（觸情任意）或問衆人曰富貴生（苟貪富貴不義而生）賢者曰義（行義以達其道）聖人曰神（神德行也）觀乎賢人則見衆人觀乎聖人則見賢

人觀乎天地則見聖人天下有三好眾人好己從賢人好己正聖人好己師天下有三檢眾人用家檢家人自以爲法賢人用國檢聖人用天下檢天下有三門由於情欲入自禽門所謂觸情由於禮義入自人門由於獨智入自聖門或問士何如斯可以禔身禔安曰其爲中也弘深中者心志也弘深猶敬重也其爲外也肅括則可以禔身矣外者威儀也肅敬也括法也君子微慎厥德悔吝不至何元憞之有微纖也悔吝小疵也元憞大惡上士之耳訓乎德訓順下士之耳順乎己苟欲令人順己言不慙行不恥者孔子憚焉言不違理故形不慙行不邪僻故心不恥言行能如此仲尼所敬憚難也

揚子法言卷第三

揚子法言問道卷第四 夫道者旨弘乎至化通乎至理也

李軌注

或問道曰道也者通也無不通也萬物由之以通或曰可以適它與言道既可以通中國而適夷狄學亦可以統正典而兼諸子也曰適堯舜文王者爲正道非堯舜文王者爲它道君子正而不它或問道曰道若塗若川車航混混不捨晝夜車之由塗航之由川混混往來交通或曰焉得直道而由諸塗川皆邪曲也此亦因形以取譬曰塗雖曲而通諸夏則由諸川雖曲而通諸海則由諸以諭經學通於聖道或曰事雖曲而通諸聖則由諸乎大解曲通一歸正之義道德仁義禮譬諸身乎不可無之於一夫

道以導之德以得之仁以人之義以宜之禮以體之天也五者人之天性合則渾離則散一人而兼統四體者其身全乎四體合則渾成人五美備則混為聖一人兼統者德備如身全或問德表曰莫知作上作下作為也莫知為上之樂為下之苦請問禮莫知言已有禮制則有尊卑曰行禮於彼而民得於此奚其知君自行禮於上而民承化於下或曰孰若無禮而德曰禮體也人而無禮焉以為德禮如體無體何得為人無禮何能立德或問天曰吾於天與見無為之為矣或問彫刻眾形者匪天與曰以其不彫刻也如物刻而彫之焉得力而給諸老子之言道德吾有取焉耳可以止奔競訓饕冒之人

及搥提仁義絶滅禮學吾無取焉耳老子之絶學蓋言至理之極以明無爲之本斯乃聖人所同子雲豈其異哉夫能統遠旨然後可與論道悠悠之徒既非所逮方崇經世之訓是故無取焉耳無取焉何者不得以之爲教也吾焉開明哉惟聖人爲可以開明他則苓焉安也開發也大哉聖人言之至也開之廓然見四海日月齊明視其文者不下堂知四方閉之閛然不覿牆之裏不開聖巻諭無所見聖人之言似於水火或問水火曰水測之而益深窮之而益遠火用之而彌明宿之而彌壯

允治天下不待禮文與五教則吾以黃帝堯舜爲疣贅允信或曰太上無法而治法非所以爲治

也曰鴻荒之世聖人惡之是以法始乎伏犧而成乎堯（伏犧畫八卦以叙上下至於堯舜君臣大成也）匪伏匪堯禮義哨哨聖人不取也

或問八荒之禮禮也樂也孰是曰殷之以中國（殷正）或曰孰爲中國（正直北辰爲天之齊今俱偏僻未知誰爲居中國）曰五政之所加七賦之所養中於天地者爲中國（五政五常之政也七賦五穀桑麻也中於天地者七圭測景晷度均也）過此而往者人也哉（譬八荒之於中國如彼諸子之於聖人如是）聖人之治天下也礙諸以禮樂（礙限）無則禽異則貉吾見諸子之小禮樂也不見聖人之小禮樂也孰有書不由筆言不由舌吾見

天常爲帝王之筆舌也天常五常也帝王之所制奉也莊言諸書言之於筆舌爲人之由禮樂也智也者知也夫智用不用益不益則不贅虧矣深知器械舟車宮室之爲則禮由已

或問大聲曰非雷非霆隱隱耾耾久而愈盈尸諸聖尸主也雷霆之聲聞當時聖人之言傳無窮

或問道有因無因乎曰可則因否則革革之與因雖異隨變而通理也故先王之事世相反而其道一也

或問無爲曰奚爲哉應化而已在昔虞夏襲堯之爵行堯之道法度彰禮樂著垂拱而視天下民之阜也無爲矣紹桀之後纂紂之餘法度廢禮樂虧安坐而視天下民之死無爲乎紹桀者成湯也纂紂者周武也當此之時

湯武不可得安坐視天下民之死而欲無爲也所謂可則因否則革矣應變順時故迹不同致理而言皆非爲也

或問太古塗民耳目惟其見也聞也見則難蔽聞則難塞人以爲太古不如絕禮樂以塗塞人之耳目令不見不聞使之純一曰天之肇降生民使其目見耳聞是以視之禮聽之樂因其耳目而節之如視不禮聽不樂雖有民焉得而塗諸

或問新敝曰新則襲之敝則益損之值其日新則襲而因之值其敝亂則損益隨時

或問太古德懷不禮懷嬰兒慕駒犢從焉以禮曰嬰犢乎歎無禮也嬰犢母懷不父懷母懷愛也父懷敬也獨母而不父未若父母之懿也兼乎愛敬然後盛其美善

狙詐之家曰狙詐之計不戰而屈人

兵堯舜也曰不戰而屈人兵堯舜也沾項漸襟
堯舜乎衒玉而賈石者其狙詐乎或問狙詐與
亡孰愈亡無曰亡愈或曰子將六師則誰使曰御
得其道則天下狙詐咸作使御失其道則天下
狙詐咸作敵失其御則反間皆叛故有天下者審其御而已
矣或問威震諸侯須於征與狙詐之力也如其
亡曰威震諸侯須於狙詐可也未足多也未若威震諸
侯而不須狙詐也
或曰無狙詐將何以征乎曰縱不得不征不有
司馬法乎何必狙詐乎中韓之術不仁之至矣

若何牛羊之用人也峻刑戰之術制民如牛羊臨之以刀俎故曰不仁之至也若牛羊用人則狐貍螻螾不膢臘也與膢八月旦也金河東俗奉之以爲大節癸記牛人也臘䄍也見禮記或曰刀不利筆不銛而獨加諸砥不亦可乎刀鈍礪之砥筆禿鋌削以刀申韓行法欲以救亂如加刀砥亦所以利也曰人砥則秦尚矣嚴刑甚民亦猶刀之割肉以人爲砥酷之甚也秦之嚴刑難復尚矣或曰刑名非道邪何自然也曰何必刑名圍棊擊劒反目眩形亦皆自然也由其大者作正道由其小者作姦道大者聖人之言小者諸子之言或曰申韓之法非法與曰法者謂唐虞成周之法也如申韓如申韓莊周申韓不乖寡聖人而漸諸篇則顏氏之子閔

攺之孫其如台言此數子之才苟不乖少聖人之術漸染其心於篇籍之中以訓學徒則顏閔不能勝之或曰莊周有取乎曰少欲有簡貴之益焉鄒衍有取乎曰自持有矯時之風焉至周罔君臣之義衍無知於天地之間雖鄰不覿也

揚子法言卷第四

揚子法言問神卷第五 測于天地之情者潛之乎心也心能測乎天地之情則入乎神矣

李軌注

或問神曰心請問之曰潛天而天潛地而地惟其所潛天地神明而不測者也心之潛也猶將測之況於人乎況於事倫乎敢問潛心于聖曰昔乎仲尼潛心於文王矣達之達通顏淵亦潛心於仲尼矣未達一間耳其治庶幾神在所潛而已矣神道不遠潛心則是天神天明照知四方天以神明光燭幽冥照曜四方人以潛心銘深致遠探賾索隱天精天粹萬物作類天以精粹覆萬物各成其類人以潛六考校同異拔揚精義人心其神矣乎操則存舍則亡人心如神變化無方操而持之則義存舍而廢

之則道亡操而不舍則道義光大能常操而存者其惟聖人乎聖人存神索至存其精神探幽索至成天下之大順致天下之大利順事而無逆利物而無害和同天人之際使之無間也至化混然歸於一也龍蟠于泥蚖其肆矣惟聖知聖惟龍知龍愚不知聖蚖不知龍聖道未彰羣愚玩矣龍蟠未升蚖其肆矣蚖哉蚖哉惡覩龍之志也與歎之甚也或曰龍必欲飛天乎曰時飛則飛時潛則潛時可而升未可而潛既飛且潛義兼出處食其不妄形其不可得而制也與飲食則不妄有形而不可制也曰聖人不制則何為乎羑里曰龍以不制為龍聖人以不手為聖人手者桎梏之屬或曰經可損益與曰易始八卦而文王六十四其益可

知也詩書禮春秋或因或作而成於仲尼其益可知也或因者引而伸之或作者又加春秋故夫道非天然應時而造者損益可知也或曰易損其一也雖惷知闕焉至書之不備過半矣而習者不知本百篇今五十九故曰過半惜乎書序之不如易也歎恨書序雖存獨不如易之可推尋曰彼數也可數焉故也如書序雖孔子亦末如之何矣數存則雖愚有所不失數亡則雖聖有所不得昔之說書者序以百叙以百篇而酒誥之篇俄空焉今亡夫秦焚書漢興求集之酒誥又亡一簡中者先師猶俄而空之今漸亡虞夏之書渾渾爾深大商書灝灝爾夷曠周書噩噩爾不阿惜也下周者其書譙乎下周者秦言酷烈也或問

聖人之經不可使易知與（嫌五經之難解也）曰不可天俄而可度則其覆物也淺矣地俄而可測則其載物也薄矣大哉天地之爲萬物郭五經之爲衆說郛（莫有不存其內而能出乎其外者也）或問聖人之作事不能昭若日月乎何後世之訔訔也曰瞽曠能默瞽曠不能齊不齊之耳狄牙能喊狄牙不能齊不齊之口君子之言幽必有驗乎明遠必有驗乎近大必有驗乎小微必有驗乎著無驗而言之謂妄君子妄乎不妄（言必有中）言不能達其心書不能達其言難矣哉惟聖人得言之解得書之體

白日以照之，江河以滌之，灝灝乎其莫之禦也。言所發明如白日所照，有所蕩除如江河所滌，灝灝洪盛，無能當之者。面相之辭相適，捈中心之所欲，通諸人之嚍嚍者，莫如言。嚍嚍然，憤憤也。彌綸天下之事，記久明遠，著古昔之嗒嗒，傳千里之忞忞者，莫如書。嗒嗒，目所不見；忞忞，心所不了。故言，心聲也；書，心畫也。聲發成言，畫紙成書。書有文質，言有史野，二者之來，皆由於心。聲畫形，君子小人見矣。察言觀書，斷可識也。聲畫者，君子小人之所以動情乎？聖人之辭渾渾若川。渾渾，洪流也。順則便，逆則否者，其惟川乎？或曰：仲尼聖者與？何不能居世也？曾范蔡之不若。曰：聖人者范蔡乎？若范蔡，其如聖何或曰淮南太史公者其多知與曷其雜也曰雜乎雜歎不純也人病以多知爲雜惟聖人爲不雜書不經非書也言不經非言也言書不經多多贅矣動而愈僞或曰述而不作玄何以作曰其事則述其書則作育而不苗者吾家之童烏乎童烏子雲之子也仲尼悼顏淵苗而不秀子雲傷童烏育而不苗九齡而與我玄文顏淵弱冠與仲尼言易童烏九齡而與揚子論玄或曰玄何爲曰爲仁義曰孰不爲仁孰不爲義曰勿雜也而已矣純則巧僞息雜則姦邪興或問經之艱易曰存亡或人不諭曰其人存則易亡則艱

延陵季子之於樂也其庶矣乎如樂弛雖札末如之何矣

如周之禮樂庶事之備也毋可以爲不難矣如秦之禮樂庶事之不備也毋可以爲難矣衣而不裳未知其可也有上無下猶有君而無臣裳而不衣未知其可也衣裳其順矣乎三桓專魯陳恒滅齊王莽簒漢三姦之興皆是物也

或問文曰訓訓順問武曰克克能未達不諭曰事得其序之謂訓順其理也勝己之私之謂克惟公亮也爲之而行動之而光者其德乎或曰知德者鮮何其光曰我知爲之不我知亦爲之厥光大矣所謂大人用之

不爲善惡改常日月用之不爲賢愚易光必我知而爲之光亦小矣或曰君子病沒世而無名盡勢諸名卿可幾也盡何不也勢親近名卿親執政者也言何不與之合勢以近名也此義猶王孫賈勸仲足媚於竈也曰君子德名爲幾積德然後近名梁齊趙楚之君非不富且貴也惡乎成名四國漢時諸侯王谷口鄭子眞不屈其志而耕乎巖石之下名震于京師豈其卿豈其卿審乎自得而已矣慨夫逐物以喪眞而不能求已以絕僞或問人曰艱知也艱難也人之難知人矣堯舜之聖而難任人莊周亦云厚貌深情曰焉難未諭其難所以又問曰太山之與蟻垤江河之與行潦非難也形彰於外俔之易見大聖之與大佞難也物形外顯人神內藏外顯易察內藏難明烏呼能別似者

爲無難

或問鄒莊有取乎曰德則取愆則否愆過也否不也何謂德愆曰言天地人經德也否愆也論天地人經是德也不爲過愆可采取也愆欲問其義語君子不出諸口

揚子法言卷第五

揚子法言問明卷第六

防姦必有以其統撥物必以其度察見至微之理探射幽隱之情

李軌注

或問明曰微或曰微何如其明也曰微而見之明其誖乎聰明其至矣乎在於至妙之人不聰實無耳也不明實無目也敢問大聰明曰眩眩乎惟天為聰惟天為明夫能高其目而下其耳者匪天也目高則無所不照耳下則無所不聞言人高其目則覩大德義之經聖人之道下其耳則聞芻蕘之言負薪之語或問小每知之可謂師乎曰是何師與是何師與天下小事為不少矣巧歷所不能筭每知之是謂師乎師之貴也知大知也大知者聖道小知之師亦賤矣致遠

（恐泥是以君子不爲故不貴也）孟子疾過我門而不入我室或曰亦有疾乎曰擴我華而不食我實（華者美麗之賦實者法言太玄）或謂仲尼事彌其年蓋天勞諸病矣夫曰天非獨勞仲尼亦自勞也天病乎哉天樂天聖樂聖或問鳥有鳳獸有麟鳥獸皆可鳳麟乎（言凡鳥獸之不可得及鳳麟亦猶凡人不可彊通聖人之道）曰羣鳥之於鳳也羣獸之於麟也形性豈羣人之於聖乎（鳥獸大小形性各異人之於聖臓藏正同）或曰甚矣聖道無益於庸也聖讀而庸行盍去諸曰甚矣子之不達也聖讀而庸行猶有聞焉去之抏也抏秦者非斯乎投諸火（斯李斯）或問人何

尚曰尚智曰多以智殺身者何其尚曰昔乎皐
陶以其智爲帝謨殺身者遠矣箕子以其智爲
武王陳洪範殺身者遠矣
仲尼聖人也或者劣諸子貢子貢辭而精之然
後廓如也精明於戲觀書者違子貢雖多亦何以爲
盛哉成湯丕承也文王淵懿也或問丕承曰由
小致大不亦丕乎革夏以天不亦承乎淵懿曰
重易六爻不亦淵乎浸以光大不亦懿乎或問
命曰命者天之命也非人爲也人爲不爲命
請問人爲曰可以存亡可以死生非命也

是人為者命不可避也大理然者也或曰顏氏之子冉氏之孫曰以其無避也若立巖牆之下動而徼病行而招死命乎命乎自貽伊戚吉人凶其吉居安思危存不忘亡凶人吉其凶以小惡為無傷而不去也惡積而罪彰滅身之凶至也辰乎辰歎時逝也曷來之遲去之速也君子競諸進德脩業欲及時也譊言敗俗譊好敗則姑息敗德則去君子謹於言慎於好亟於時亟急吾不見震風之能動聾聵也雷風非不猛不能動聾聵聖教非不明不能化頑嚚之人或問君子在治曰若鳳在亂曰若鳳或人不諭曰未之思矣曰治則見亂則隱隨時之義美之夫者治見亂隱鳳之德也鴻飛冥冥弋人何慕焉君子潛神重玄之域出綱不能

制禦之鷦明遴集食其絜者矣遴集者類聚羣游得其所也鷦明非竹實之絜不食君子非道德之祿不居鳳鳥蹌蹌匪堯之庭蹌蹌者步趾之威儀也言其降步于堯之庭非堯之庭則不降步也亨龍潛升其貞利乎貞正也利者義之和美龍潛升得正之利或曰龍何如可以貞利而亨曰時未可而潛不亦貞乎得潛之正時可而升不亦利乎得義之和潛升在己用之以時不亦亨乎行止不失其所得嘉之會或問活身曰明哲既明且哲以保其身或曰童蒙則活何乃明哲乎曰君子所貴亦越用明保慎其身也越於如庸行翳路衝衝而活君子不貴也楚兩龔之絜其清矣乎楚人龔君賓龔長倩也當成哀之世並爲諫大夫俱

著今聞號曰兩龔王莽篡位之後崇顯名賢後欲用之稱疾遂終身不仕絜清其志者也蜀莊沈冥蜀人姓莊名遵字君平沈冥猶玄寂泯然無迹之貌是故成哀不得而利之王莽不得而害也蜀莊之才之珍也不作苟見不治苟得所謂正宜也久幽而不改其操雖隋和何以加諸久幽謂賣卜於成都舉茲以旃不亦寶乎吾珍莊也居難為也人所不能非難如何不慕由即夷矣何爲欲之有許由伯夷無欲之至既不可害亦不可利或問堯將讓天下於許由由恥有諸曰好大者為之也顧由無求於世而已矣允喆堯儃舜之重則不輕於由矣允信也喆知也好大累克巢父洗耳不亦宜乎累積也克勝也積大言以相勝也巢父洗耳河濱河主逐之皆非通理之談靈場之威宜夜矣乎

靈場鬼神之壇祠也靈壇所以為威可寘夜不可經白日偏謬之談可獨說不可校諸實朱鳥翾翾歸其肆矣朱鳥燕別名也肆海肆也或曰奚取於朱鳥哉曰時來則來時往則往取其春來秋往隨時宜也能來能往者朱鳥之謂與不愆寒暑之宜能知去就之分或問韓非作說難之書而卒死乎說難敢問何反也韓非作書言說難是也而西入關干秦王伏劍死雲陽故曰何反曰說難蓋其所以死乎曰何也曰君子以禮動以義止合則進否則退確乎不憂其不合也夫說人而憂其不合則亦無所不至矣或曰說之不合非憂耶曰說不由道憂也由道而不合非憂也譏其本自挾詭情以說秦或問哲曰旁明厥思問

行曰旁通厥德動靜不能由一塗由一塗不可以應萬變應萬變而不失其正者惟旁通乎

揚子法言卷第六

揚子法言寡見卷第七（大道甚夷而民好徑此其所以發揚德音）

李軌注

吾寡見人之好假者也邇文之視邇言之聽假則偭焉（歎人皆好視聽諸子近言近說至於聖人遠言遠義則偭然而不視聽）或曰曷若兹之甚也先王之道滿門（言此談過也學先王之道者亦滿門耳）曰不得已也得已則已矣（不得已者官有策試者也）得已而不已者寡哉（夫以策試而後學者為官也得不策試而好學者為己也為己之學也內為官之學也外外之與內由南之與北相去甚遠是以慨其少也）好盡其心於聖人之道者君子也人亦有好盡其心矣未必聖人之道也多聞見而識乎正道者至識也多聞見而識乎

邪道者迷識也君子多聞見而心愈真也小人多聞見而心愈僞也如賢人謀之美也詘人而從道如小人謀之不美也詘道而從人

或問五經有辯乎曰惟五經爲辯說天者莫辯乎易惟變所適應四時之宜說事者莫辯乎書尚書論政事也說體者莫辯乎禮正百事之體也說志者莫辯乎詩在心爲志發言爲詩說理者莫辯乎春秋屬辭比事之義捨斯辯亦小矣

春木之芚兮援我手之鶉兮春木芒然而生譬若孔氏啓導人心有似援手而進言其純美也去之五百歲其人若存兮或曰譊譊者天下皆說也奚其存曰曼是爲也天下之亡聖

也久矣（其義雖存言天下無復能尊用聖道者久故也）呱呱之子各識其親

譊譊之學各習其師精而精之是在其中矣

或曰良玉不彫美言不文何謂也曰玉不彫璵璠不作器言不文典謨不作經

或問司馬子長有言曰五經不如老子之約也當年不能極其變終身不能究其業（言其要妙）曰若是則周公惑孔子賊古者之學耕且養三年通一（無訓解故）今之學也非獨爲之華藻也又從而繡其其鞶帨惡在老不老也（鞶大帶也帨佩巾也衣有華藻文繡書有經傳訓解也繡之衣分明易察訓解之書灼然易曉）

或曰學者之說可約邪（疾夫說學繁多）

故欲約省之也曰可約解科言自可令約省耳但當使得其義旨不失其科條或曰君子聽聲乎曰君子惟正之聽亦聽耳但不邪荒乎淫拂乎正統而樂者君子不聽也或問侍君子以博乎曰侍坐則聽言有酒則觀禮焉事博乎或曰不有博弈者乎曰爲之猶賢於已耳今之所論自謂侍於君子也侍君子者賢於已乎君子不可得而侍也人師難遭也侍君子晦斯光窒斯通亡斯有辱斯榮敗斯成如之何賢於已也窒塞鷦明沖天不在六翮乎拔而傳尸鳩其累矣夫拔鷦明之翼以傳尸鳩不能沖天適足爲累耳諭授小人以大位而不能成大功也又言學小說不能成大儒雷震乎天風薄乎山雲徂乎

方雨流乎淵徂往也方四方其事矣乎言此皆天之事矣人不得無事也天事雷風雲雨人事詩書禮樂也魏武侯與吳起浮於西河寶河山之固起曰在德不在固辭在史記曰美哉言乎使起之固兵每如斯則太公何以加諸或問周寶九鼎寶乎曰器寶也器寶待人而後寶道存則器不亡道亡則器不存齊桓晉文以下至於秦兼其無觀已或曰秦無觀奚其兼曰所謂觀觀德也如觀兵開闢以來未有秦也秦以兵兼而不以德莽以詐篡而不以道言秦兵之無可觀則莽之篡不言可知或問魯用儒而削何也揚子貴儒學而賤兵疆魯國嘗為齊楚所侵所以譏問曰魯不用儒也昔在姬公用於周而四海皇皇奠枕于京

皇皇歸美安枕而臥以聽於京師 孔子用於魯齊人章章歸其侵疆章章悚懼也一時暫用猶至於是況能終之乎魯不用真儒故也如用真儒無敵於天下安得削萬物將自賓

灝灝之海濟樓航之力也濟度也言度大海在舟船興大治在禮樂航人無楫如航何雖有舟航而無楫櫂不能濟難雖有民人而無禮樂不能熙化或曰奔壘之車沇流之航可乎言治國及修身者如車奔舟覆故欲救之曰否否不也

或曰焉用智夫智者貴能解患救難也今有患難不能解救故曰焉用智曰用智於未奔沇言奔沇吾猶人也必也使無奔沇大寒而後索衣裘不亦晚乎禦災在於未發思患在乎預防乘國者其如乘航乎航安則人斯安矣航傾則人危法亂則國亡惠以厚下民忘其死

忠以衛上君念其賞自後者人先之自下者人高之欲上必以其言下之欲先必以其身後之處上而民不重在前而民不害誠哉是言也誠信也

或曰弘羊榷利而國用足盍榷諸盍何不也曰譬諸父子爲其父而榷其子縱利如子何有若譏十二之稅揚子貶榷利之權卜式之云不亦匡乎匡正也桑弘羊榷利之時天下大旱卜式曰獨烹弘羊天乃雨式之所言大匡正矣

或曰因秦之法清而行之亦可以致平乎曰譬諸琴瑟鄭衛調俾夔因之亦不可以致簫韶矣俾使也譬諸琴瑟調正則合雅頌鄭衛則爲淫泰法酷暴雖欲使聖人因之不可以致康哉鄭衛本淫雖使夔拊之而不可致簫韶

或問處秦之世抱周之書益乎曰舉世寒貂狐不亦燠乎貂狐之裘於體溫燠

或曰炎之

以火沃之以湯燠亦燠矣言秦焚書坑儒於湯火之中但苦大熱耳此謂或人戲嘲揚子之辭曰燠哉燠哉時亦有寒者矣歎秦之無道也時亦有寒者謂四皓隱居尸子避地斯皆清涼其身不燠秦之湯火非其時而望之非其道而行之亦不可以至矣天由其時人由其道非時之有望之不可得見非道而行之不可得至秦之有司負秦之法度秦法已酷吏又毒之秦之法度負聖人之法度秦弘違天地之道而天地違秦亦弘矣失德之報何其驗哉

揚子法言卷第七

揚子法言五百卷第八

夫言者所以通理也五百非經通之言故辨其惑罔之迷也

李軌注

或問五百歲而聖人出有諸孟軻史遷皆有此言曰堯舜禹君臣也而並文武周公父子也而處湯孔子數百歲而生因往以推來雖千一不可知也千歲一人一歲千人不可知也聖人有以擬天地而參諸身乎稟天地精靈合德齊明是以首擬天腹擬地四支合四時五藏合五行動如風雷言成文章也或問聖人有詘乎曰有曰焉詘乎曰仲尼於南子所不欲見也陽虎所不欲敬也見所不見敬所不敬不詘如何曰衛靈公問陳則何以不詘曰詘身將以信道也如

詘道而信身雖天下不爲也仲尼之敬陽虎揚子之臣王莽所詘者形也精神何時撓哉諸如此例學者宜識其旨聖人重其道而輕其祿衆人重其祿而輕其道聖人曰於道行與衆人曰於祿殖與聖人以行道爲務凡人以祿食爲先昔者齊魯有大臣史失其名以道事君不可則止爲大臣也史失其名者不書其名也曰何如其大也曰叔孫通欲制君臣之儀徵先生於齊魯所不能致者二人高帝時叔孫通爲奉常欲制君臣之禮秉亂之餘權時之制不合聖典雖盡其美未盡其善故不能致之曰若是則仲尼之開跡諸侯也非邪曰仲尼開迹將以自用也欲行其道制素法也如委己而從人雖有規矩準繩焉得而用之

或問孔子之時諸侯有知其聖者與曰知之知之則曷爲不用曰不能曰知聖而不能用也可得聞乎曰用之則宜從之從之則弃其所習逆其所順強其所劣捐其所能衝衝如也非天下之至孰能用之捐棄或問孔子知其道之不用也則載而惡乎之欲知載送道術何所之詣曰之後世君子許來哲曰賈如是不亦鈍乎言畜貨以遺後畜道俟將來是遲鈍曰衆人愈利而後鈍聖人愈鈍而後利關百聖而不慚蔽天地而不耻能言之類莫能加也貴無敵富無倫倫匹利孰大焉

或曰孔子之道不可小與嫌孔子大其道故當其時不能見用曰小則敗聖如何曰若是則何爲去乎曰愛日曰愛日而去何也曰由羣謀之故也不聽正諫而不用噫者吾於觀庸邪無爲飽食安坐而厭觀也齊人歸女樂季桓子受之三日不聽朝正諫而不用於是遂行由此觀之夫子之日亦愛矣惜寸陰或曰君子愛日乎曰君子仕則欲行其義居則欲彰其道事不厭教不倦焉得日不暇給或問其有繼周者雖百世可知也秦已繼周矣不待夏禮而治者其不驗乎曰聖人之言天也天妄乎繼周者未欲太平也如欲太平也捨之而用

他道亦無由至矣暴秦之繼周王莽之篡漢臧獲猶將悼之賢者能無慨歎乎赫赫乎日之光羣目之用也渾渾乎聖人之道羣心之用也或問天地簡易而聖人法之何五經之支離嫌難了曰支離蓋其所以爲簡易也支離分別之而後朗然事得簡易已簡已易焉支焉離既簡既易乃是混茫之初焉支焉離言不可了也或曰聖人無益於庸也曰世人之益者倉廩也取之如單有時而盡仲尼神明也小以成小大以成大雖山川丘陵草木鳥獸裕如也學其道者大小各隨其本量而取足如不用也神明亦末如之何矣神明有所不及聖人有所不訓或問聖人占天乎曰占天地言皆占之若此則史也何異曰

史以天占人聖人以人占天聖人以人占天者先乎天也史以天占人者後乎天也大聖先天而天不違良史後天而奉天時知其所先後則天人之情得矣或問星有甘石何如甘公石申夫善觀天文者也曰在德不在星德隆則晷星星隆則晷德也或問大人曰無事於小為大人賢者志大之謂請問小曰事非禮義為小尚志在乎禮義大人之事備矣聖人之言遠如天天懸象著明而人不能察聖人設教施令而人不能究賢人之言近如地山川澤田之形可得而鑒瓏瓏其聲者其質玉乎玉之瓏瓏其聲亦猶君子清泠其德音聖人矢口而成言肆筆而成書矢正也肆操也言可聞而不可殫書可觀而不可盡性與天道周之人多行貴尚德義人人得行其道秦之人多病道屈沈也行有之也病曼之也行有之者

有德也病曼之者秦無道也周之士也貴道泰業隆故尊貴秦之士也賤[illegible]
人卑故稱賤周之士也肆肆放任意而道義行秦之士也拘拘制由從不肆王道
月未望則載魄于西載始也魄光也載魄于西者光始生於西面以漸東滿既望
則終魄于東光稍虧於西面以漸東盡其遡於日乎遡迎也言爲人臣終始盛衰向
迎其君如月御日天理然彤弓盧矢不爲有矣以諭有君而無臣聆聽前
世清視在一鑑莫近於斯矣執古以御今以古則殷鑑不遠或問
何如動而見畏曰畏人何如動而見侮曰侮人禍福
無門惟人所召夫見畏之與見侮無不由己我欲仁斯仁至
或問禮難以強世言禮事至難難可以強出使行曰難故強世如
夷俟倨肆羈角之哺果而啗之奚其強或性或

強及其名一也性者天然生知也強者習學以至也雖爲小異功業既成其名一也見弓之張兮弛而不失其良兮弛舍或曰何謂也曰櫛之而已矣弓良在檠人良在禮樂川有防器有範見禮教之至也川防禁溢器範撿形以諭禮教人之防範也以舊防爲無所用而壞之者必有水敗以舊禮爲無所用而去之者必有亂患也經營然後知幹楨之克立也幹楨築牆版之屬也言經營宮室立城郭然後知幹楨之能有所立也建宗廟立社稷然後知禮樂之能有所成也莊揚蕩而不法墨晏儉而廢禮申韓險而無化險克所以無德化鄒衍迂而不信迂迴不可承信聖人之材天地也覆載與天地合其德次山陵川泉也次聖者大賢也高顯如山陵通潤如川泉次鳥獸草木也區別各有所長

揚子法言卷第八

揚子法言先知卷第九

圖難於其易求大於其細爲之乎其未有治之乎其未亂如斯而已矣

李軌注

先知其幾於神乎幾近也神以知來探未兆也逆識先知近於神也敢問先知曰不知荅以不知者神悟則先知非問之所及也知其道者其如視舉目便見忽眇緜作昞眇緜遠視先甲一日易後甲一日難甲者一旬之始巳有之初也先之一日未兆也後之一日巳形也夫求福於未兆之前易救禍於巳形之後難或問何以治國曰立政曰何以立政曰政之本身也身立則政立矣子帥以正孰敢不正或問爲政有幾幾要也欲知爲政善惡之要曰思斁斁猒或問思斁曰昔在周公征于東方四國是王

王正召伯述職蔽芾甘棠其思矣夫齊桓欲徑陳陳不果內執轅濤塗其斆矣夫伐楚雖美而御師不整故不欲令徑於戲從政者審其思斆而已矣或問何思何斆曰老人老孤人孤病者養死者葬男子畝婦人桑之謂思爲政如此民所思也若汙人老汙慢屈人孤屈窮病者獨死者逋田畝荒杼軸空之謂斆民猒苦也爲政日新或人敢問日新曰使之利其仁樂其義厲之以名引之以美使之陶陶然之謂日新或問民所勤勤苦曰民有三勤曰何哉所謂三勤曰政善而吏惡一勤也吏善而政惡二勤也政吏駢惡三勤

也〔政君也　駢竝也〕禽獸食人之食土木衣人之帛穀人不足於晝絲人不足於夜之謂惡政〔人君苑囿禽獸故穀人竭力於晝也土木衣綈錦故絲人竭力於夜也晝夜竭力而猶不足是故爲惡政〕聖人文質者也〔因人才質刻而畫之文而藻之〕車服以彰之〔車服等差辨彰貴賤〕藻色以明之〔藻色輕重顯明尊卑〕聲音以揚之〔歌於管絃詠其德美〕詩書以光之〔載其功德光照後世〕籩豆不陳玉帛不分琴瑟不鏗鍾鼓不抎則吾無以見聖人矣〔言此諸禮存故得覩聖人〕或曰以往聖人之法治將來譬猶膠柱而調瑟有諸曰有之曰聖君少而庸君多如獨守仲尼之道是漆也〔漆甚於膠〕曰聖人之法未嘗不關盛衰焉昔者堯有天下舉大綱

命舜禹夏殷周屬其子不膠者卓矣（卓遠）唐虞象刑惟明（法度彰也）夏后肉辟三千不膠者卓矣（二帝三王期於存公不恤私也）堯親九族恊和萬國湯武桓桓征伐四克由是言之不膠者卓矣（五君之跡雖異隨時順宜其道一也）禮樂征伐自天子所出春秋之時齊晉實予不膠者卓矣（禮樂征伐當由天子所出而春秋之時天子微弱齊桓晉文專命征討然而所爲皆尊王室故春秋公羊傳文雖不予而實予之存於公正也）或曰人君不可不學律令曰君子爲國張其綱紀議其教化（綱之有綱紀猶君之有股肱也綱紀張則綱目正股肱良則庶事康）導之以仁則下不相賊莅之以廉則下不相盜臨之以正則下不相詐修之以禮義則下多德

讓此君子所當學也如有犯法則司獄在執憲而已

或苦亂苦患曰綱紀綱紀然後綱目正曰惡在於綱紀曰大

作綱小作紀綱賴綱紀君任輔佐如綱不綱紀不紀謂失綱紀之任雖有羅

網惡得一目而正諸網無綱紀司不正君無股肱國不治或曰齊得夷

吾而霸仲尼曰小器請問大器曰大器其猶規

矩準繩乎先自治而後治人之謂大器夫以規矩準繩而能使上下無猜者大器也大器者必籠沓羣疑之表莫得與之爭量也管子相桓公不能以之自固三歸反坫然後獲安或

曰正國何先曰躬工人績躬身也工官也言先正身以臨百官次乃覽察其人考其勳績也

或曰爲政先殺後教曰於乎於乎者駭歎之聲天先秋

而後春乎將先春而後秋乎天道先春後秋以成歲爲政先令後誅以成治吾

見玄駒之步玄駒蚍蜉子也雉之晨雊也雊鳴化其可以已矣哉感陽應節自然之化化之所感有自來矣民可使覿德是以堯舜之民可比屋而封不可使覿刑是以桀紂之民可比屋而誅覿德則純覿刑則亂象龍之致雨也難矣哉象似也言畫繒刻木以為龍而求致雨則不可得也曰龍乎龍乎歎非真龍真龍而後能致雲雨明君而後道化行也或問政核曰真偽用真人遠佞偽真偽則政核善善明則真人顯惡惡著則佞偽息真偽審則政事核也如真不真偽不偽則政不核北面之禍南面之賊也鼓舞萬物者雷風乎鼓舞萬民者號令乎天以雷風鼓舞萬物君以號令制御萬民雷不一三令五申風不再無制二也聖人樂陶成天下之化使人有士君子之器者也故不遁于世不離于羣遁離者是

聖人乎[言適離者非聖人也]雖之不才其卵殹矣[殹敗]君之不才其民野矣[民之陶化猶泥之在鈞]或問曰載使子草律[載設也草刱也]曰吾不如弘恭草奏曰吾不如陳湯曰何爲曰必也律不犯奏不剡[論語云聽訟吾猶人也必也使無訟乎此亦言當以純德化之使不犯律不剡奏也]甄陶天下者其在和乎剛則甈柔則坏[甈燥也坏濕也言失和也夫陶者失剛柔之和則不成器爲政失寬猛之中則不成治]龍之潛亢不獲其中矣[初九潛龍勿用上九亢龍有悔]是以過中則惕[九三居下卦之上過其中則夕惕也]不及中則躍[九四居上卦之下不及中故躍淵]其近於中乎[二五得中故有利見之吉]聖人之道譬猶日之中矣[光被四表]不及則未[不及中未盛明]過則昃[日昃明盡言昏昧也]什一天下之正也[什一稅民天下之中賦正法也]多

則桀寡則貉公羊傳曰多乎十一大桀小桀寡乎十一大貉小貉井田之田田也謂古八家是治田也肉刑之刑刑也三千之屬是正法也田也者與衆田之刑也者與衆弃之法無限則庶人田侯田處侯宅食侯食服侯服法制無限則輿者侈長僭亂人亦多不足矣僭亂既興民多匱竭爲國不迪其法迪蹈而望其效效功譬諸筭乎夫筭者不運籌筭策不能定其數治國者不蹈法度不能致其治

揚子法言卷第九

揚子法言重黎卷第十 貞僞美惡成敗存亡人君之所以御乎其下人臣之所以事乎其上不可以不察也明此以比面堯之爲君也明此以北面舜之爲臣也

李軌注

或問南正重司天北正黎司地今何僚也 司主也僚官也少皞氏衰九黎亂德帝顓頊命重黎主天地也 曰近羲近和 堯有羲和之官王莽時亦復立焉聖王之立重黎羲和考其所以重黎羲和耳非莽所立也 孰重孰黎曰羲近重和近黎 羲主陽和主陰故云耳

或問黃帝終始 世有黃帝之書論終始之運當孝文之時三千五百歲天地一周也 曰託也 假黃帝也 昔者姒氏治水土而巫步多禹 姒氏禹也治水土涉山川病足故行跛也禹自聖人是以鬼神猛獸蜂蠆蛇虺莫之螫耳而俗巫多效禹步 扁鵲盧人也而醫多盧 太山盧人 夫欲讎僞者必假真 讎類 禹

乎盧乎終始乎（言皆非也於是捨書而歎曰深矣揚子之談也王莽置羲和之官故上章寄微言以發重黎之問而此句明言眞僞之分也）或問渾天曰落下閎營之鮮于妄人度之耿中丞象之幾乎幾乎莫之能違也（幾近也落下閎爲武帝經營之鮮于妄人又爲武帝筭度之耿中丞名壽昌爲宣帝考象之言近近其理矣談天者無能違遠也）請問蓋（天欲知蓋天圖也）曰蓋哉蓋哉應難未幾也（再言蓋哉者應難以事未有近其理者）或問趙世多神何也（如簡子之事非一故問之）曰神怪茫茫若存若亡聖人曼云（子不語怪力亂神）或問子胥種蠡孰賢曰胥也俾吳作亂破楚入郢（郢楚都也）鞭尸（掘平王墓而鞭其尸）藉館（君舍君之室大夫舍大夫之室）皆不由德（報父兄之恥於斯則無禮）謀越諫齊不式（式用）不能去（三諫不從於禮可去）卒眼之

越越必取吳又曰有吳無越有越無吳不改是矣吳將伐齊胥又諫曰兵疲於外越必襲吳不聽遂伐齊反役夫差殺之將死曰吳其亡矣乎以吾眼置吳東門以觀越之滅吳種蠡不強諫而山棲俾其君詘社稷之靈而童僕又終弊吳賢皆不足邵也邵美至蠡策種而遁肥矣哉美蠡功成身退於此一舉最為善或問陳勝吳廣曰亂此暴亂之人也曰不若是則秦不亡曰亡秦乎恐秦未亡而先亡矣夫有干越之劒者匣而藏之不敢用是寶之之至也況乃輕用其身而要乎非命之運不足為福先適足以為禍始或問六國並其已久矣一病一瘳迄始皇三載而咸皆屬秦也時激地保人事乎曰具請問事曰孝公以下強兵力農以蠶食六國事也是人事也保問保何等曰東溝大河南阻高山西采雍梁

北鹵涇垠便則申否則蟠保也采食稅也浮浮水也激問激者何曰始皇方斧將相方刀六國方木將相方肉激也方比或問秦伯列為侯衛在外侯望羅衛天子卒吞天下而赦曾無以制乎曰天子制公侯伯子男也庸節庸用也節節度也節莫差於僭僭莫重於祭祭莫重於地地莫重於天既盜土地又盜祭天則襄文宣靈其兆也始於四公以來者言周之衰非一朝一夕矣昔者襄公始僭西畤以祭白帝文宣靈宗興鄜密上下用事四帝而天王不匡反致文武胙宗尊也文公起鄜畤宣公起密畤靈公起上下畤是以四疆之內各以其力來侵攘肌及骨而赦獨何以制秦

乎人之迷也其門固已世之壞衰非一人之所支也或問嬴政二十六載天下擅秦嬴秦姓政始皇名秦十五載而楚楚項羽楚五載而漢五十載之際而天下三擅天邪人邪曰具備有之也周建子弟列名城班五爵流之十二當時雖欲漢得乎六國蚩蚩為嬴弱姬卒之屛營嬴擅其政故天下擅秦卒終也秦之至也秦失其猷罷侯置守守失其微天下孤睽睽猶乖離也項氏暴強改宰侯王故天下擅楚擅楚之月有漢創業山南發迹三秦追項山東故天下擅漢天也山南漢中也三秦雍翟塞也人問人事者何也曰兼才尚權右計左數動謹於時人也天不人

不因人不天不成（天人合應功業乃隆）或問楚敗垓下方死曰天也（項羽爲高祖所敗於垓下臨死歎曰非我用兵之罪乃天亡我）諒乎（信如羽之言否邪）曰漢屈羣策羣策屈羣力（屈盡）楚憞羣策而自屈其力（憞惡）屈人者克（克勝）自屈者負（負敗）天曷故焉（言無私親惟應善人）或問秦楚既爲天典命矣秦縊灞上楚分江西興廢何速乎（典主）曰天胙光德而隕明忒（天之所福光顯有德而令隕之者明乎秦楚忒惡之所致）昔在有熊高陽高辛唐虞三代咸有顯懿故天胙之爲神明主且著在天庭是生民之願也厥饗國久長（神明主主郊祀）若秦楚強閱震撲胎藉三正播其虐於黎苖子弟且欲喪之況

於民乎況於鬼神乎廢未速也不道早亡或問仲尼大聖則天曷不胙胙主曰無土言無土地可因然則舜禹有土乎曰舜以堯作土禹以舜作土道貴順理動無常因也因土以行化湯文也因堲以登禪舜禹也上無舜禹之時下無湯文之土故不胙曰若秦楚之胙非所以爲胙也或問聖人表裏表裏內外曰威儀文辭表也德行忠信裏也明乎得一而已或問義帝初矯矯立劉龕南陽劉高祖龕取也項救河北項羽二方分崩一離一合設秦得人如何設假曰人無爲秦也喪其靈久矣非一朝一夕也韓信黥布皆劒立南面稱孤卒窮時戮無乃勿乎窮極或曰勿則無名如何曰名者謂令名也忠不終而躬逆焉攸令或

問淳于越曰伎曲請問曰始皇方虎挒而梟磔𡁷士猶腊肉也越與亢眉終無橈辭可謂伎矣有才伎也仕无妄之國易有无妄卦此亦依義取譬食无妄之粟分无妄之橈自令之間而不違可謂曲矣橈橈時策也白令與始皇併心爲無道或問茅焦歷井幹之死使始皇奉虛左之乗始皇以嫪毐事幽母咸陽官諫者輒殺於井幹闕下茅焦歷井幹之死而諫始皇即駕輿執轡虛左親迎其母蔡生欲安項咸陽不能移又亨之其者未辯與項羽欲東還下邳蔡生說使都咸陽既不能移又爲所亨案漢書云韓生揚子云蔡生未詳韓蔡孰爲是曰生捨其木侯而謂人木侯亨不亦宜乎語在漢書焦逆訐而順守之雖辯劘虎牙矣逆意而諫順義而守可謂辯說矣然劘近虎牙言其殆也

或問甘羅之悟呂不韋張辟強之覺平勃皆以十二齡戊良乎甘羅戊之孫也以張唐之相燕割趙事發悟呂不韋也辟強張良之子也以孝惠崩呂太后哭不哀事覺悟陳平周勃也言此之時各年十二欲知自出其意爲復茂良教之乎曰才也戊良不必父祖天才自然發其神心無假其父祖也或問酈食其說陳留下敖倉說齊罷歷下軍何辯也韓信襲齊以身脂鼎何訥也曰夫辯也者自辯也如辯人幾矣幾危也小有才未聞君子之大道也斯足以殺其軀而已非長生久視之道或問蒯通抵韓信不能下又狂之蒯通說韓信令左漢右楚鼎足而立不能下之佯狂奔走曰方遭信閉如其抵信盡忠高祖若門戶之閉無有巇隙也曰巇可抵乎曰賢者司禮小人司巇況拊鍵乎或問李斯盡忠胡亥極刑忠乎曰

斯以留客秦嘗欲逐諸侯之客斯上書以爲不可秦聽之是一事終也至作相用狂人之言從浮大海立趙高之邪說廢沙丘之正阿意督責焉用忠始皇信妖言東浮滄海斯爲宰相不能諫止而從行及始皇崩於沙丘斯納趙高之計矯廢扶蘇而立胡亥胡亥既立縱暴斯諫之而見怒恐誅作督責之書以阿一世之意此諸事皆非忠直也霍漢大將軍霍光曰始六之詔擁少帝之微摧燕上官之鋒處廢興之分堂堂乎忠難矣哉至顯不終矣顯光之夫人名也毒殺許皇后後光心知之而不討賊或問馮唐面文帝得廉頗李牧不能用也諒乎曰彼將有激也親屈帝尊信亞夫之軍至頗牧曷不用哉馮唐所知魏尚者爲雲中守擊匈奴有坐欲諫之故激文帝耳非平談也德用士則聞之矣於德又何如曰罪不孥止罪其身不收入妻孥

宮不女出宮人嫁之令無怨曠館不新仍舊制也陵不墳葬於霸陵因山不起墳或問交曰仁問餘耳陳餘張耳曰光初有始無終竇灌曰凶終竇嬰灌夫甚相親友不勝相助犯觸田蚡並皆罹禍或問信曰不食其言食僞請人曰晉荀息趙程嬰公孫杵臼秦大夫鑿穆公之側此章全論不食言之德問義既問諸賢之信又問於義誰得曰事得其宜之謂義義者得死生之宜也不得死生之宜者非義也若程嬰杵臼兼乎信義也秦晉大夫可謂不食言之信蹈義則未也或問季布忍焉可爲也季布爲項羽將嘗困高祖高祖既立購之千金困迫乃爲奴賣與魯朱家曰能者爲之明哲不爲也言能忍辱貪生者乃爲之或曰當布之急雖明哲如之何曰明哲不終項仕如終項仕焉攸避苟患失之無所不至或問賢曰爲人所不能

請人曰顏淵黔婁四皓韋玄顏淵簞瓢不改其操黔婁守正不邪死而益彰四皓白首高尚其事韋玄漢丞相賢之少子也賢薨玄當襲封被髮佯狂欲以讓兄或曰擬人必於其倫顏子至賢其殆庶幾黔婁四皓既非其儔況以韋玄不亦甚哉釋曰顏淵之賢備體之賢韋玄之賢一至之賢王莽篡天下而韋玄讓一家於是乎賢耳亦猶論德行稱顏淵閔子騫冉伯牛仲弓凡此數子豈必皆與顏淵俱盡至賢之道哉

問長者曰藺相如申秦而屈廉頗欒布之不塗朱家之不德直不疑之不校韓安國之通使相如申理於秦王屈意於廉頗義在史記欒布為梁大夫奉使行高祖誅梁王彭越布使還報命首下哭而祠歛之也朱家以季布有阨見滕公得解其急也而不使布知又終身不復見布直不疑常為郎三人同室一人有金一人急歸誤持金去主意不疑不疑買金償之其後歸者持金還乃明之又人謗其淫嫂而乃無兄亦不自明也韓安國梁孝王內史時景帝疑梁王梁士大夫懼安國稱病去萊陰往長安因長公主以解王事

或問臣自得曰石太僕之對金將軍之謹張衛將軍

之愼丙大夫之不伐善丞相石慶嘗爲太僕時御上問輿中馬幾匹太僕以策數之畢對曰六匹金將軍名日磾爲人謹愼目不忤視數十年張衛將軍名安世爲人周密重愼丞相丙吉宣帝少時以巫蠱事嘗在獄中吉常救護又養視有恩紀而終不言官至御史大夫乳母述之然後乃知封博陽侯請問臣自失曰李貳師之執貳田祁連之濫帥韓馮翊之愬蕭趙京兆之犯魏貳師將軍李廣利說劉屈氂立昌邑王爲太子二心不端武帝疑之遂降匈奴祁連將軍田廣明爲宣帝擊匈奴不到質淫婦人也韓馮翊名延壽愬御史大夫蕭望之輿廪犧爲姦而焚其廪也趙京兆名廣漢疑魏丞相夫人殺傅婢圍捕之而皆無實反獲其罪也或問持滿曰扼扼攲器在魯桓公廟者欲人推心當如此器戒揚王孫倮葬以矯世悼厚葬也事見漢書曰矯世以禮倮之乎如矯世則葛溝尚矣古者未知葬送之禮死則裹之以葛投諸溝□若王孫之矯世此事復尚爲之矣言不可行也孝子仁人必有道以掩其親賢人君子必率禮以正其俗也吾或問周官曰

立事左氏曰品藻太史遷曰實錄不虛美不隱惡

揚子法言卷第十

揚子法言淵騫卷第十一

李軌注

或問淵騫之徒惡乎在曰寢或曰淵騫曷不寢曰攀龍鱗附鳳翼巽以揚之勃勃乎其不可及也如其寢如其寢七十子之於仲尼也日聞所不聞見所不見文章亦不足爲矣君子絕德小人絕力或問絕德曰舜以孝禹以功皐陶以謨非絕德邪（是皆德之殊絕）力（絕力者何）秦悼武烏獲任鄙扛鼎抃牛非絕力邪（此等皆以多力舉重崩中而死所謂不得其死然）或問勇曰軻也曰何軻也曰軻也者謂孟軻也若荊軻君子

盜諸請孟軻之勇曰勇於義而果於德不以貧富貴賤死生動其心於勇也其庶乎或人之問勇猶衛靈公之問陳也仲尼荅以俎豆子雲應之以德義魯仲連傷而不制高談以救時難功成而不受祿賞藺相如制而不傷好義崇理屈身伸節輔佐本國繫時之務也或問鄒陽曰未信而分疑忼辭免罿幾矣哉鳥罟謂之罿猶人之縲紲幾危也獄中出慷慨之辭得以自免亦已危矣或問信陵平原孟嘗春申益乎曰上失其政姦臣竊國命何其益乎當此四君之時實皆有益於其國而楊子譏之者蓋論上失其政故辯明之樗里子之知也使知國如葬則吾以疾爲蓍龜疾者樗里子之名死葬豫言後當有兩天子宮夾我果如其言使其策筭國事如之則吾以疾爲蓍龜者有爲有行動而問焉周之順赧以成周而西傾秦之

惠文昭襄以西山而東并孰愈曰周也羊秦也狼然則狼愈與曰羊狼一也過猶不及兩不與也

或問蒙恬忠而被誅忠奚可爲也曰塹山堙谷起臨洮擊遼水力不足而死有餘忠不足相也相助也雖盡一身之節而殘百姓之命非所以務民之義

或問呂不韋其智矣乎以人易貨呂不韋陽翟賈人也出千金以助子楚子楚既立不韋相之曰誰謂不韋智者與以國易宗雖開列封先笑後愁身既鴆死宗族竄流不韋之盜穿窬之雄乎不以其道非盜何如穿窬也者吾見擔石矣未見雒陽也雒陽不韋所國也也揭雒陽而行天下豈徒擔石乎秦將白起不仁奚用爲也長平之戰四十萬人死蚩尤之亂不過於

此矣原野厭人之肉川谷流人之血將不仁奚用爲奚何翦問王翦何將也曰始皇方獵六國而翦牙欽咀噬用牙言其酷也欽者絕語歎聲或問要離非義者與不以家辭國曰離也火妻灰子以求反於慶忌實蛛蝥之劘也焉可謂之義也義者臣子死節乎君親之難也離曰乎之而焚燒妻子詐爲吳雠求信於慶忌反而刺之若蜘蛛之蚤小巧耳政問聶政爲嚴氏犯韓刺相俠累曼面爲姊實壯士之靡也焉可謂之義也俠累韓相名也軻問荊軻爲丹奉於期之首燕督亢之圖入不測之秦實刺客之靡也焉可謂之義也三士所死皆非君親之難也非義之義君子不爲也

或問儀秦學乎鬼谷術而習乎縱橫言安中國者各十餘年是夫曰詐人也聖人惡諸曰孔子讀而儀秦行何如也（欲讀仲尼之書而行蘇張之辯）曰甚矣鳳鳴而鷙翰也然則子貢不爲與（言子貢亦行游說抑齊破吳以救魯）曰亂而不解子貢恥諸說而不富貴儀秦恥諸（恥國亂而不解於義高恥游說而不富貴其情下）

或曰儀秦其才矣乎跡不蹈已（儀不迹秦）曰昔在任人帝曰難之亦才矣（任佞）才乎才非吾徒之才也美行園公綺里季夏黃公角里先生（避秦之亂隱居商山不朝高祖而從太子帝客禮之）言辭婁敬陸賈（婁敬說高祖都關中陸賈說尉佗爲漢臣又作新語高祖善之）

執正王陵申屠嘉呂后欲王諸呂陵執意不從免陵乃得封文帝倖幸鄧通至使慢禮嘉收通晁錯犯憲奏誅錯折節周昌汲黯折節謂直諫守儒轅固申公轅固守正以得辠於竇太后后使入圈擊彘申公守正以事楚王卒爲所辱此二人終不屈其道苗異董相夏侯勝京房董仲舒夏侯勝京房皆善推陰陽知災異

或問蕭曹曰蕭也規曹也隨蕭何規摹於前如一曹參奉隨於後不失滕灌樊酈曰俠介四人前後俠輔高帝叔孫通曰槼人也見事敏疾爰盎曰忠不足而談有餘挾私斬錯晁錯曰愚削諸侯以危身酷吏曰虎哉虎哉角而翼者也郅都甯成張湯杜周之徒貨殖曰蚊曰血國三千使捋疎飲水褐博沒齒無愁也

或問循吏曰吏也鄭子產公儀休孫叔敖之徒游俠曰竊國靈也

[illegible]命也朱亥田仲郭解劉孟原涉之徒

佞幸曰不料而已籍孺鄧通周仁韓王孫李延年之徒

或問近世社稷之臣曰若張子房之智用行舍藏功成身退陳平之無悟內明奇畫外無違悟絳侯勃之果誅諸呂立文帝霍將軍之勇剛毅果無所懼終之以禮樂則可謂社稷之臣矣此數公遭漢初定倉卒之制權應當時苟以救世不能與稷契伊周同風夫終先王禮樂

或問公孫弘董仲舒孰邇欲知此二人用心誰近聖人之道曰仲舒欲為而不可得者也弘容而已矣利在安身

或問近世名卿曰若張廷尉之平張釋之惟存公平不阿於意雋京兆之見雋不疑當昭帝時有人自稱亡衛太子百官莫知其所不疑後至收而治之乃明巫成方遂也尹扶風之絜尹翁歸清廉有節不被滋垢王子貢之介王子貢名尊成帝時人治任公正誅鉏豪強不避貴戚斯近世名卿矣

將（既聞名卿次問名將）曰若條侯之守長平冠軍之征伐博陸之持重可謂近世名將矣請問古（欲知古之良將）曰鼓之以道德征之以仁義輿尸血刃皆所不爲也張騫蘇武之奉使也執節没身不屈王命雖古之膚使其猶劣諸（膚美）世稱東方生之盛也言不純師行不純表其流風遺書蔑如也或曰隱者也曰昔之隱者吾聞其語矣又聞其行矣（昔之隱者文王拘於羑里而重易六爻箕子隱於殷朝而爲周陳洪範接輿之在楚而歌鳳兮）或曰隱道多端曰固也聖言聖行不逢其時聖人隱也賢言賢行不逢其時賢者隱也談言談行而不逢其時談者

隱也昔者箕子之漆其身也狂接輿之被其髮也欲去而恐罹害者也箕子之洪範接輿之歌鳳也哉或問東方生名過實者何也曰應諧不窮正諫穢德由此四事得名應諧似優似倡優不窮似哲正諫似直穢德似隱請問名曰詼達惡比欲知誰比曰非夷齊而是柳下惠戒其子以尚容首陽爲拙柱下爲工飽食安坐以仕易農依隱玩世詭時不逢其滑稽之雄乎非夷齊是柳下惠戒其子以尚同依隱玩世飽食安坐以仕易農此滑稽之雄者也或問柳下惠非朝隱者與此問發於東方朔也曰君子謂之不恭古者高餓顯下祿隱孟子曰伯夷隘柳下惠不恭隘與不恭君子不由也然則餓顯不獨高祿隱未爲下今發高下之談蓋有厲乎素飡也妄譽仁之賊

也妄毁義之賊也賊仁近鄉原賊義近鄉訕同乎流俗合乎汙世衆皆説之以爲是而不可與入堯舜之道者德之賊也孔子惡似而非者孟軻論之備矣或問子蜀人也請人曰有李仲元者人也蜀有嚴君平豈伊仲元君平已顯仲元未聞其爲人也柰何曰不屈其意不累其身曰是夷惠之徒與曰不夷不惠可否之間也隨時之義治亂若鳳如是則奚名之不彰也曰無仲尼則西山之餓夫與東國之紲臣惡乎聞餓夫夷齊紲臣柳下惠也曰王陽貢禹遇仲尼乎曰明星皓皓華藻之力也與星雖皓皓有華藻然非能自顯耀也要須著天而後天下見之曰若是則奚爲不自高曰皓皓者己也引而高之者天也星著天而後天下見

王陽貢禹時主所揚而後名顯也仲元雖有賢德而時不高之故不彰子欲自高邪君子行德俟命而已仲元世之師也見其貌者肅如也聞其言者愀如也觀其行者穆如也鄲聞以德詘人矣未聞以德詘於人也仲元畏人也言可畏敬或曰育賁言夏育孟賁亦使人畏也曰育賁也人畏其力而侮其德請條問其目也曰非正不視非正不聽非正不言非正不行夫能正其視聽言行者昔吾先師之所畏也所畏謂言不慙行不恥孔子畏焉如視不視聽不聽言不言行不行雖有育賁其猶侮諸

揚子法言卷第十一

揚子法言君子卷第十二

夫君子之所以爲美布護蔓延在乎衆篇豈惟於此而表其篇目者絶筆在乎孝至無以加之而已

李軌注

或問君子言則成文動則成德何以也曰以其弸中而彪外也弸滿也彪文也積行内滿文辭外發般之揮斤羿之激矢君子不言言必有中也不行行必有稱也或問君子之柔剛曰君子於仁也柔於義也剛仁愛大德故柔屈其心節義大業故剛厲其志或問航不漿衝不薺有諸樓航不揭漿衝衝不載薺曰有之或曰大器固不周於小乎曰斯械也君子不械械器也航衝之器充大則不能小矣君子不器無所不施或問孟

子知言之要知德之奧曰非苟知之亦允蹈之允信也蹈履也或曰子小諸子孟子非諸子乎曰諸子者以其知異於孔子者也孟子異乎不異道同於仲尼也或曰孫卿非數家之書侻也彈駮數家脘合於敎至于子思孟軻詭哉譏此則謬曰吾於孫卿與見同門而異戶也同出一門而戶異同述一聖而乖詭惟聖人爲不異前聖後聖法制玄合大同仁義牛玄騂白睟而角其升諸廟乎是以君子全其德色純曰睟或問君子似玉曰純淪溫潤柔而堅玩而廉隊乎其不可形也君子於玉比德焉禮記論之備矣或曰仲尼之術周而不泰大而不小用之猶牛鼠也使牛捕鼠雖大無施

曰仲尼之道猶四瀆也經營中國終入大海他人之道者西北之流也綱紀夷貉或入于沱或淪于漢淮南說之用不如太史公之用也太史公聖人將有取焉實錄不隱故可采擇淮南鮮取焉爾浮辯虛妄不可承信心也儒乎乍出乍入淮南也或出經或入經文麗用寡長卿也多愛不忍子長也史記叙事但美其長不貶其短故曰多愛仲尼多愛愛義也子長多愛愛奇也或曰甚矣傳書之不果也曰不果則不果矣苟非所能人自可爾以巫鼓巫鼓猶妄說也妄說傷義甚於不言一曰巫鼓之儔奚徒不果而已乃復寄詠誕以自大假不學為高通故揚子既吐觸情之談又發巫鼓之義或問聖人之言炳若丹青有

諸曰吁是何言與（吁者駭歎之聲）丹青初則炳久則渝渝乎哉（丹青初則炳然久則渝變聖人之書久而益明）或曰聖人之道若天天則有常矣奚聖人之多變也曰聖人固多變（天縱之也）子游子夏得其書矣未得其所以書也宰我子貢得其言矣未得其所以言也顏淵閔子騫得其行矣未得其所以行也（聖人以妙外往諸賢以方中來）聖人之書言行天也天其少變乎（所以應無方也）或曰聖人自恣與何言之多端也曰子未覩禹之行水與一東一北行之無礙也君子之行獨無礙乎如何直往也水避礙則通于海君子避礙則通于理君子

好人之好嘉其善也而忘己之好若不足也小人好己之惡
我惡而不自知而忘人之好物好而不識彼或曰子於天下則誰與
曰與夫進者乎或曰貪夫位也慕夫祿也何其
與曰此貪也非進也夫進也者進於道慕於德
殷之以仁義進而進退而退日孳孳而不自知
勸者也或曰進進則聞命矣請問退曰昔乎
顏淵以退為進後名而名先也天下鮮儷焉言少雙也或曰
若此則何少於必退也曰必進易儷必退易儷
也必苟也苟進則貪祿利苟退則慕偽名也進以禮退以義難儷也進退不失
其正者君子也或曰人有齊死生同貧富等貴賤何如

齊死生者莊生所謂齊物者非好死惡生之謂也而或者不諭故問曰作此者其有懼乎懼者畏義也此章有似駮莊子莊子之言遠有其旨不統其遠旨者遂往而不反所以辯之也各統其所言之旨而兩忘其言則得其旨也信死生齊貧富同貴賤等則吾以聖人爲囂囂通天地人曰儒道術深奧通天地而不通人曰伎伎藝偏能人必先作然後人名之先求然後人與之人理云云萬物動靜無不由我以名彼者人必其自愛也而後人愛諸人必其自敬也而後人敬諸自愛仁之至也自敬禮之至也未有不自愛敬而人愛敬之者也或問龍龜鴻鵠不亦壽乎曰壽曰人可壽乎曰物以其性人以其仁物性之壽其質生存延年長也仁者之壽死而不亡名無窮也或問人言仙

者有諸乎吁吾聞宓羲神農歿黃帝堯舜殂落而死文王畢孔子魯城之北獨子愛其死乎非人之所及也仙亦無益子之彙矣彙類或曰聖人不師仙厥術異也聖人之於天下恥一物之不知仙人之於天下恥一日之不生曰生乎生乎名生而實死也

或曰世無仙則焉得斯語曰語乎者非囂囂也與惟囂囂能使無為有或問仙之實曰無以為也有與無非問也問也者忠孝之問也言惟問忠孝之事耳忠臣孝子偟乎不偟偟暇或問壽可益乎曰德

曰回牛之行德矣曷壽之不益也曰德故爾如回之殘牛之賊也焉得爾言復甚也曰殘賊或壽曰彼妄也君子不妄論語曰人之生也直罔之生也幸而免揚子之談亦猶此義有生者必有死有始者必有終自然之道也因論神仙之事遂至原始要終以盡死生之說也君子忠人況已乎小人欺己況人乎夫至人其猶先存諸已而後存諸人者言乎有其眞然後可以訓物況乃其身之不諭又安能諭諸人哉

揚子法言卷第十二

揚子法言孝至卷第十三（始於學行而終於孝至始終之義人倫之事畢矣）

李軌注

孝至矣乎（將欲言其美所以歎其至）一言而該聖人不加焉（一言而孝兼該一日行聖人無以加之是至德也）父母子之天地與（天懸象地載形父受氣母化成）無天何生無地何形天地裕於萬物乎萬物裕於天地乎（裕足也言萬物取足於天地天地不取足於萬物也）裕父母之裕不裕矣（養父母自以為足者乃不足也）事父母自知不足者其舜乎（自知不足則是舜）不可得而久者事親之謂也孝子愛日（無須臾懈於心）孝子有祭乎有齊乎（祭嚴齊敬孝子之事）夫能存亡形屬荒絕者惟齊也（亡形復存荒絕復屬者謂祭如在）故孝子之於齊見父

母之存也是以祭不賓夫齊者交神明之至故致齊三日乃見其所爲齊者禮記之論齊備矣而發斯談者有慨乎時人人而不祭豺獺乎九月豺祭獸正月獺祭魚豺獺猶有所先人而不祭豺獺之不若也或問子曰死生盡禮可謂能子乎生事愛敬死喪哀戚曰石奮石建父子之美也無是父無是子無是子無是父或曰必也兩乎曰與堯無子舜無父不如堯父舜子也必不得雙於斯二者當如堯之爲父舜之爲子有含菽縕絮而致滋美其親將以求孝也人曰僞如之何含食也菽豆也曰假儒衣書服而讀之三月不歸孰曰非儒也或曰何以處僞曰有人則作無人則輟之謂僞觀人者審其作輟而已矣視其所以觀其所由人焉廋哉一不爲

名之名其至矣乎（太上以德自然之美非至如何）為名之名其次也（力行近仁斯亦次矣）或問忠言嘉謀曰言合稷契謂之忠謀言合皋陶謂之嘉或曰邵如之何曰亦勗之而已（勗勉）庳則秦儀鞅斯亦忠嘉矣（庳下也此所以微言貶乎漢臣而為王莽之將相者）堯舜之道皇兮（皇美）夏殷周之道將兮（將大）而以延其光兮（二帝三王光延至今）或曰何謂也曰堯舜以其讓夏以其功（平水土也）殷周以其伐（聖德同而禪伐異者隨時之義一也此又寄言以明其旨焉五君應乎天順乎人王莽違乎人逆乎天）或曰食如螘（言精細也）衣如華（服文彩也）朱輪駟馬金朱煌煌無已泰乎曰由其德舜禹受天下不為泰（言當理也）不由其德五兩之綸半通之銅亦泰矣

綸如青絲繩也五兩之綸半通之銅皆有秩嗇夫之印綬印綬之微者也言人由其德而佩此亦泰況可治天乎天下通道五所以行之一五謂仁義禮智信也曰勉勉勵或曰力有扛洪鼎揭華旗智德亦有之乎曰百人矣此力百人便能敵之德諧頑嚚諧和也頑嚚舜父母讓萬國以禪禹也知情天地與天地合其德知鬼神之情狀形不測百人乎人見其形而不能測其量非百人之倫也或問君。曰明光。問臣。曰若禔若順也禔安也敢問何謂也曰君子在上則明而光其下在下則順而安其上明而光其下堯所以爲君也順而安其上舜所以爲臣也王莽之事漢則傾覆其上篡位居攝則暴亂其下也或曰聖人事異乎曰聖人德之爲事異亞之故常修德者本也見異而修德者末也本末不修而存者未之有也感此之甚者必亡而已矣天地之得斯民也得養育之本故能資生斯民也斯民之得一人也得資生之業是故係之一人也一人之得心矣一人之得統御天下者以百姓之心爲心吾聞諸傳老則戒之在得年彌高而德彌卲者是孔子之徒歟王莽少則得師力行老則詐僞篡奪故揚子寄微言而歎慨焉或問德有始而無終與有終而無始也孰寧曰寧先病而後瘳乎寧先瘳而後病乎病篡之深故有先瘳之喻或問大曰小問遠曰邇未達曰天下爲大治之在道不亦小乎道至微妙故曰小也四海爲遠治之在心不亦邇乎或問俊哲洪秀曰知哲聖人之謂俊深識聖義是俊傑也秀頴德行之謂洪禾之秀其頴猶人之洪其道也禾秀頴則實結人崇道則德聞洪大君子

動則擬諸事事則擬諸禮事不來則不動動非禮則不擬或問羣言之長羣行之宗曰羣言之長德言也羣行之宗德行也或問泰和曰其在唐虞成周乎觀書及詩溫溫乎其和可知也發號出令而民說之周康之時頌聲作乎下關睢作乎上習治也齊桓之時縕而春秋美邵陵習亂也縕亦亂也故習治則傷始亂也傷悼習亂則好始治也好樂漢德其可謂允懷矣允信懷至黃支之南大夏之西東鞮北女來貢其珍漢德其可謂允懷矣世鮮焉明此奕世之所致而莽一旦行詐以取之芒芒聖德遠人咸慕上也芒芒大也武義璜璜兵征四方次也宗夷

猾夏蠢迪王人屈國喪師無次也宗夷者四方群夷也麟之
儀儀鳳之師師其至矣乎螭虎桓桓仁少威多鷹隼
䎎䎎攫撮急疾未至也未合至德或曰訩訩北夷被我純繢
純繒繢畫帶我金犀金金印犀犀飾珍膳寧餬寧餬餬其口也不亦享
乎嫌禮胡如此太盛也曰昔在高文武實爲兵主今稽首來
臣稱爲北藩是爲宗廟之神社稷之靈也可不
享言如此不可不以盛禮待之也龍堆以西白龍堆也大漠以北鳥夷獸夷
鳥夷獸夷者衣鳥獸皮毛郡勞王師漢家不爲也皆在荒忽之外不爲郡屬國若使
勞王師而郡縣之漢家不爲此也朱崖之絕捐之之力也朱崖南海水中郡元帝時
背叛不臣議者欲往征之賈捐之以爲無異禽獸也棄之不足惜不擊不損威元帝聽之事在漢書否則介鱗

易我衣裳（否不也言不然則介鱗之類易我衣裳之民也）君人者務在殷民阜財（殷富阜盛）明道信義致帝者之用成天地之化使粒食之民粲也晏也（粲文采晏和柔）享于鬼神不亦饗乎（實受其福）天道勞功或問勞功曰日一日勞考載曰功（日一日猶日日也考成也載歲也周而復始以成其歲故曰功）或曰君逸臣勞何天之勞（言於人事則君逸臣勞也天爲若四時行百物生以喻無勞也）曰於事則逸於道則勞（於事則逸無功可名於道則勞運轉機衡）周公以來未有漢公之懿也勤勞則過於阿衡（漢公王莽也或以此爲媚莽之言或以爲言遜之謂也吾乃以爲箴規之深切者也稱其漢公以前之美耳然則居攝之後不服而惡可知揚子所以玄妙也發至言於當時垂忠教於後世言蔽天地而無慚教關百代而不耻何遜媚之有乎）漢興二百一十載而中天其庶矣乎（言人民衆多富盛也）辟

灋以本之校學以教之禮樂以容之輿服以表之復其井刑勉人役唐矣夫言若盡此諸美以濟勉人者無羨於唐虞之世也

法言序子雲歷自序其篇中之大略耳

天降生民倥侗顓蒙倥侗無知也顓蒙頑愚也恣乎情性觸意而行聰明不開闓塞之謂訓諸理訓導譔學行

降周迄孔成于王道禮樂備也然後誕章諸子應時而作詭世之言乖離諸子圖微貴此聖人坦蕩之更路賤彼百家雜穢之邪徑譔諸子

事有本真陳施於意動不克咸克能咸皆本諸身自求之義譔修身

芒芒天道洪荒混芒之初昔在聖考聖人作而義物覩謂成宓羲肇畫八卦六位章過

則失中不及則不至〔二五得中 然後利見〕一不可毋罔譔問道

神心忽恍經緯萬方事繫諸道德仁義禮譔

問神

明哲煌煌旁燭無疆遜于不虞以保天命譔問明

遐言周于天地〔遐遠 周遍〕贊于神明幽弘横廣絕于邇

言譔寡見

聖人聰明淵懿繼天測靈冠乎羣倫經諸範〔範模〕

譔五百

立政鼓衆動化天下莫尚於中和中和之發在

於哲民情〔哲智〕譔先知

仲尼以來國君將相卿士名臣參差不齊（患世論之不實世賢之失中）一槩諸聖（一以聖人之道槩平之）譔重黎

仲尼之後訖于漢道德行顏閔股肱蕭曹爰及名將尊卑之條稱述品藻（定其差品及文質也）譔淵騫

君子純終領聞（純善也領令也聞名也言善於終而有令名也）蠢迪撿押（蠢動也迪道也撿押猶隱括也言君子舉動則當蹈規矩）旁開聖則（開通也則法也）譔君子

孝莫大於寧親寧親莫大於寧神寧神莫大於四表之歡心（言尊祖考安神靈故四方驩心）譔孝至

揚子法言卷第十三

子法言音義

學行卷第一

李軌注軌字弘範東晉尚書郎都亭侯撰周易音尚書音春秋公羊音小爾雅音各一卷泰始泰寧咸和起居注共六十七卷又撰齊都賦一卷集八卷見隋書經籍志　好學呼報切下同　復駕扶又切　諸儒金

口而木舌柳宗元曰金口木舌鐸也使諸儒駕孔子之說如木鐸也　礲諸盧紅切　焉攸

於虔切下焉知同　螟蠕上音冥下音靈　殪於計切　螺蠃上音果下郎果切　祝之之又切

羿五計切　逢蒙薄江切　般音班　不能踰也俗本脫不字諸本皆有　鑄

與音余下同　五石俗本作玉石誤　踧爾子六切　桐子音通與侗同亦音同未成人也漢書

曰毋桐好逸　一鬨下降切　不勝音升　之平皮命切鄭司農云質劑月平價也　於戲上音

烏下音呼又虛宜切　爲其于僞切下爲道爲利同　粢音節　之乘繩證切　易平以豉切

啞爾於革切相比毗志切徒與音余下皆同疑者別出鸒斯羊茹切鸒雅烏如

其富俗本下句作如其義非猗頓於離切其粗千胡切紆朱邕俱切其

樂音洛下同瞿然音句祇其音支適也有教立道無心仲尼

有學術業無心顏淵天復本並作無止

吾子卷第二

少而詩照切好賦呼報切組麗音祖狴犴狴邊兮切犴音岸獄也太玄曰蹛于狴獄

家語曰獄犴不治景差初佳切舊本作景瑳枚乘繩證切多哇烏瓜切確乎苦角

反俗本作摧非惡烏路切淈古忽切屈原九勿切如瑩烏定切又音縈石次玉者一曰玉色

逸論語曰如玉之瑩伉口浪切健也何休曰有辯護伉正者爲里正陸德明一音苦杏切稱則尺證切足

言將住切又如字下同詭辭九委切斷木都管切梡革音緩又音款斷木也爲

鞫居六切 峛崺上力紙切下移爾切 惡沱上哀都切下徒何切 舍書也切下同 惡
覩音烏下同 好呼呼報切下好書好說同 山陘戶經切又口耕切孟子曰山徑之蹊 蒼頡胡結
切 羊質而虎皮見草而說音悅天復本作見羊而悅 虎別彼列切下同
不要一遙切 則辟芳辟反 述正道而稍邪哆者有矣未
有述邪哆而稍正哆昌者切又尺氏切天復本作稍正道 其較音角 且易以豉
切下並同 恲懞李善曰恲莫經切懞莫公切覆也恲又者并又音泙

脩身卷第三

矯思斯恣切 必中丁仲切 樂天音洛 聖人之辭可爲也使
人信之所不可爲也天復本作不可爲也使人敬之 可以有爲俗本作可
以爲友非是 好大呼報切 卑也也字又音婢 田圃田上田音佃下田必字圃音甫 蒡

羊久切喬喬音驕詩作驕必矇音蒙瞽也熒魂戶扃切糟莩李軌讀糟如字莩音
浮熟也柳宗元曰熒熒明也熒䰟司見之用者也糟當爲精莩如葭
莩之莩目精之表也言䰟之熒明曠久則掃精之輕浮曠久則沈
不面日月則目之用廢矣以至於擿埴他歷切下宮職切索塗山責切
索塗冥行而已舊本亦作精莩
重行下孟切下行重行輕同重好呼報切下好重好輕好問並同有觀古玩切闠音古俗本作史後人改之爾舊本皆作賈
謂賈人衒鬻過實下臞以其俱切
篇云衒王賈石是也臞如瘠也捽茹上音在忽切下音人恕切菜也之
樂音洛鞹苦郭切騂息營切圭羊苦主切罷賓音疲勞也犒考告切
惡在音烏鮮德息淺切引諸門乎門本或作問夷貉莫白切肄
乎羊至切三好呼報切下並同人門俗本人作仁誤禔身是支切又音支又音題
元懟徒對切

問道卷第四

則渾戶昆切　請問禮莫知天復本作請問莫知　或曰焉得直
道而由諸天復本無或曰二字焉於虔切下以意求之　或曰事雖曲而通
諸聖天復本無或曰二字　天輿音余　搥提搥都回切舊本皆從手擲也提徒計切亦擲也漢書云以
博局提吳太子　則苓音聆　閛然匹庚切閛門也俗本作閛然諸本皆作閛　疣贅羽求切下之瑞
切　而治直吏切下為治同　哨哨音消又七笑切　則絡莫白切　則禮由巳
一本作由也　耾耾戶萌切俗本作肱誤宋玉風賦曰耾耾雷聲揮蒼曰耾聲皃　狙詐千預切又七余切
不戰而屈人兵堯舜也天復本無堯舜也三字　漸襟子廉切　衙
音縣　賈石音古　子將子亮切　螻螾上落侯切下餘忍切　膢臘上音力朱切又落侯切
銛息廉切本或作銛誤　砥音紙　反目眩形一本作反自眩刑眩音縣　漸諸子廉切
如台音貽

問神卷第五

請問之天復本作請問之舍則書也切索至山責切無間間廁之間蚖元
音元惡覩音烏食其不妄俗本作不志字之誤也非義不妄食故不可得而制楚辭曰鳳亦不貪餧
而妄食羑里羊九切不手不制於人之手惷書容切又丑江切又丑用切俄空苦貢
切鈌也渾渾戶昆切又胡本切灝灝胡者切噩五各切譙乎俗本作誰舊本皆作
譙許傳云譙殺也殺所戒切故注云酷烈易知以豉切下艱易同覆物敷又切誾誾語巾
切爭訟也喊呼覽切又呼嫌下斬切之解胡買切曉也面相息亮切捈他胡切又同盧
切引也嚍嚍音即刃切俗本作嘯嚍誤㖧㖧呼昆切忞忞武巾切見矣賢遍切
與我音預者鮮悉淺切君子病沒世而無名盍勢諸
名卿可幾也漢書曰或問君子疾沒世而名不稱盍勢諸名卿可幾師古注曰以身而無名為病孟康曰盍

何不也云何不因名卿之勢以求名幾音機下同

君子德名爲幾 韋昭曰言有勢之名卿庶幾可不朽揚子以爲不然唯有德者可以有名師古曰或人以事有權力之卿用自表顯則其名可庶幾而立揚雄以爲自蓄其德則有名也

梁齊趙楚之君非不富且貴也惡乎成名 漢書曰梁齊楚趙之君非不富且貴也惡虖成其名師古曰謂當時諸侯王也惡於何也音烏

谷口鄭子眞不屈其志而耕乎巖石之下名振于京師豈其卿豈其卿 漢書曰谷口鄭子眞不詘其志耕於巖石之下名震于京師與今文不同

螘螲 上魚綺切下徒結切

能別似者 彼列切俗本作能參以似非是

問明卷第六

誖 布內切

眩 胡涓切幽遠皃

大知 如字

孟子疾過我門而不入我室 過古禾切不入室者孟子疾之不食實者揚子疾之近人注法言誤以孟子疾爲句絕

撫我 音[illegible]

樂

天音治下同庸行下孟切下庸行同去諸丘呂切抏也五言切漢書云海內抏弊今下抏秦同舊本皆作抗

皐陶音遥⿰言寧女耕切⿰言寧天復本作謣謣音于又音紆妄言也敗俗必邁切下同又如字⿰言寧

好呼報切下好好文同亟於紀力切聵五怪切在治直吏切下同則見賢遍切弋

人何慕後漢書逸民傳序引楊子作　者何篡宋衷注云篡取也鴻高飛冥冥薄天雖有弋人執增繳何所施巧而取

焉喻賢者深居亦不羅暴亂之害今篡或爲慕誤也鷦明上音焦說文曰東方發明南方焦明西方鸛鷞北方幽昌中央

鳳皇又司馬相如傳云鷦鵬已翔乎寥廓之宇又樂緯曰鷦鵬狀如鳳皇遴集鄰振切蹌七羊切翳

路烏計切蜀莊沉冥蜀莊之才之珍也不作苟見

不治苟得久幽而不改其操雖隨和何以加諸

舉茲以旃不亦珍乎漢書孟康注曰湛深湛默無欲也師古曰湛讀曰沈不爲苟顯之行不事

苟得之業隨隨侯珠也和和氏璧也諸之也旃亦之也言舉此人而用之不亦國之寶乎三輔決録曰子眞名樸君平名尊鼂

欲士銜切貪也俗不作利欲　儃僝蟬戰切　累克俗本誤作刻　灑耳音洗　羂
羂許緣切飛猇　歸其肆矣注非也朱鳥往來以時不累其身放肆自遂　說難劉伯莊史記音義曰說難上式拙切下如字司馬正史記索隱曰說音稅難音如干切言游說之道爲難故說難書其辭甚高故持載之然此扁亦與韓子微異煩省少不同劉伯莊亦申其意粗釋其微文幽旨故有劉說　確哲角切　間行下孟切

寡見卷第七

好假音遐本或作遐下同　偭焉彌兗切　好盡呼報切　援我音袁　鶡兮音純　譊譊女交切　皆說一本說作訟　曼是莫半切曼衍無極也　呱音孤　璵璠上以諸切下附袁切　鞶帨上音盤下音稅　惡在音烏　拂乎符勿切　而樂音洛　焉𡨋於虔切　窒珍栗切　六翮下華切　其累力僞切　莫枕章荏切　樓航或作斻亦作杭　榷利音角　貂音彫

五百卷第八

參諸七南切 有詘與屈同 焉詘於虔切 問陳直刃切 信道音導下同

強其其兩切 捐與專切 非天下之至天復本作天下之至德 賈如音古

小則敗聖如何天復本無如何二字 厭觀一鹽切 不厭於豔切 渾

渾戶昆切又胡本切 簡易以豉切下同 焉得於虔切下焉之焉離同 瓏𤫊上音龍下

音靈 多行如字 曼之莫半切無也又毋伴切 遡音素 聆聽悳俗本作聆德非 彊世其兩

切 羈角男角女羈 哺薄故切 啗徒濫切 檠之居影切檠所以正弓

先知卷第九

其幾音機下有幾同 作昞音炳 日易以豉切 思斁音亦 召伯寔照切 蔽

芾上必袂切下非貴切 果內音納 汗人[illegible] 直呂 樂其音洛下樂

陶同 衣人於既切 不抎云粉切天復本作眃音雲耳中聲也 屬其音燭 肉辟婢亦切 賁

乎音虖 惡在音烏下同 於乎上音烏 政核下革切 不離力智切下同 毈

徒玩切卵壞 不剡以冉切 甄陶居延切 甈瓦五計切破瓦也 坏不芳盃切未燒瓦也俗本作坯字之誤

也注坏燥也俗本誤作躁坏濕也誤作坯懼也 衆田音佃 田侯田上田同上音下如字

重黎卷第十

南正重直龍切 姒音似 扁鵲薄泫切 渾天胡昆切又胡本切 度之徒洛切

幾乎音機下同俗本作幾幾乎尚書舜典正義引揚子云幾乎幾乎 藉館慈夜切 策種絕句種章

勇切 高山本或作商山 西采注云食稅倉代切或如字 雍梁於用切 鹵音魯 赧

奴板切 西畤音止 鄜芳無切 天王不臣俗本作天下誤 爲嬴工偽切下無爲同

置守手又切 屏營上音并 守失其微本或作徽 垓下古哀切

楚憞徒對切彊閲許激切震撲上如字又音眞下音音卜切胎藉醮當作跆
徒來切跆蹋也藉慈夜切德行下孟切龕龍音堪與戡同焉攸於虔切下焉用同虎捌
音列梟磔陟格切越與音預俗本作興字誤橈辭女教切下同井幹胡安切
之乘繩證切蔡生史記作蔡生漢書作韓生亨之普庚切下同其者未
辯者衍字木侯漢書作沐猴逆訐居竭切劘音摩辟彊必益切
酈音歷食其異基二音說陳失贅切下說齊同幾矣音機蒯通苦怪切
抵巇上都禮切下許羈切拊鍵上音撫下其輦切作相息亮切從浮才用切
始六世之詔天復本作始元之初廉頗滂禾切信亞音伸鑿穆顏師
古漢書注曰鑿謂所穿冢藏音在到切或如字焉可於虔切下同黔婁其廉切又音琴韋玄天復
本作四皓違玄成繇布之不塗天復本作不倍通使色吏切扼音厄歌器倮

奔 部果切

淵騫卷第十一

惡乎 音烏 日寢 俗本作日在寢在衍字 扛鼎 音江 魯仲連傷而不制 藺相如制而不傷 傷與蕩同 忼辭 苦兩切 免罝 音衡 幾矣 音機 之知 音智下知國如字 周之順赧 諸本皆作順赧順靚王及赧王也俗本作周之傾字之誤也史記作慎靚王索隱作順靚王或是慎轉爲順赧奴板切 東弁 音併 漸山 士監切 臨洮 音叨 相也 息亮切 窬 音踰 擔石 都濫切又都甘切 秦將 子亮切下同 牙欲 烏開切又許介切 要離 一遥切 求反 俗本脫求字 蛛蝥 俗本作蛛蝥誤賈誼新書曰蛛蝥作網蝥音矛 焉可 於虔切下皆同 爲嚴 于僞切下爲姊爲毋同 刺相 息亮切下董相同 曼面 謨官切塗面 督亢 音剛 惡諸 烏路切 秦行 下孟切美行同 鷙翰 胡安切又侯旰切

說而[失贅切]任人[音任]難之[乃旦切]園公[史記留侯世家作東園公]角
里[上音鹿漢書作角里]執正[俗本作政誤]折節[之設切]菑異[菑與災同]樊酈[音歷]
槧人[七豔切]盎[烏浪切]晁錯曰愚[天復本作由忠]捋踈[上音郎活切俗本作
捋誤]没齒無愁也[俗本誤作没齒然也]雋京[徂兗切]將[子亮切下同]冠軍[古亂
切]奉使[色吏切下同]行不[下孟切下其行聖行賢行談行並同]詼達[上音恢舊本皆作詼
達][漢書曰朔詼達多端不名一行本或作詼達又作名字達皆誤]惡比[音烏]滑稽[音骨]朝隱[直遥
切]舉譽[音餘]不累[良爲切]絀臣[與黜同]愀如[親小切舊本皆作俶如昌六切]
[動色見]鄲聞[鄲音丹嘽但也或古鄲但通用亦音但本或作但]育賁[音奔]

君子卷第十二

弸中[備萌切又普耕切]般[音班]有中[丁仲切]其知[音智]侻也[他括切可也]

牛玄騂白俗本作玄牛騂白誤騂息營切睟而睟與粹同隊乎直類切鮮

取悉淺切下鮮儷同人以巫鼓天復本作又以巫鼓其行下孟切下以行言行同好

人呼報切下同勸與倦同儷音麗囂囂五刀切虙音伏偟音皇

孝至卷第十三

有齊側皆切下同屬荒音燭金鼓又本亦作唫音同爲名于僞切庳

音婢下也螘與蟻同之綸古頑切又音倫扛音江揭渠列切若禔是支切又音支

又音題諸傳直戀切與有終而無始與如字孰寧天復本作孰愈

知哲上音智之長丁丈切群行下孟切德行同東鞮都奚切世鮮

息淺切芒芒謨郎切下同璜璜音黃螭丑知切戩戩財千切又側按切訩

許容切又詾拱切揄之與專切周公以來未有漢公之懿

也勤勞則過於阿衡（柳宗元曰阿衡之事不可過也過則反矣）漢興二百一十載而中天其庶矣乎（柳宗元曰揚子極陰陽之數此言知漢祚之方半耳）

法言序

倥侗顓蒙（漢書揚雄傳鄭氏注曰童蒙無知也師古曰倥音空侗音同顓與專同侗又音通說文大貌詩神罔時侗一曰侗未成器之人）訓諸理（師古曰訓告也）譔孔（許亂切師古曰周周公旦也譔至也孔孔子也言自周公以降至於孔子設教垂法皆帝王之道）終後誕章乖離諸子圖微（漢書揚雄傳作諸子圖微師古曰言其後淺末虛誕益章乖於七十子所謀微妙之言）事有本眞陳施于意（漢書揚雄傳作陳施於億李奇曰布陳於億萬事也）動不克咸（李奇曰不能皆善也）芒芒天道昔在聖考（李奇曰聖人能成天道）過則失中不及則不至不可姦罔（蘇林曰罔誣也言不可作姦誣於聖道）明哲煌煌旁燭

無疆漢書揚雄傳作旁燭亡疆師古曰煌煌盛貌也燭照也無疆猶無極也遜于不虞以保天命李奇曰常行遜順備不虞遐言周于天地漢書揚雄傳作假言周于天地師古曰假至也幽弘橫廣絕于邇言李奇曰理過近世人之言也經諸範漢書揚雄傳作經諸范師古曰經常也范法也立政鼓衆動化天下莫尚於中和漢書揚雄傳尚作上鄧展曰鼓亦動也參差不齊師古曰言志業不同也參初林切一槩諸聖師古曰一以聖人大道槩平槩上代切譔淵騫柳宗元曰按漢書淵騫自有序文語俗近不類蓋後人增之或班固所作君子純終領聞音問李奇曰領理所聞也師古曰純善領令也聞名也言君子之道能善其終而不失令名蠢迪檢押師古曰蠢動也迪道也由也檢押猶隱括也言動由檢押也音押寧親莫大於寧神師古曰寧安也言大孝之在於尊嚴祖考安其神靈所以得然者以得四方之外驩心

揚子法言音義

將仕郎前真州六合縣主簿權國子監主簿臣文勰

將仕郎前齊州禹城縣主簿充國子監直講臣商傅

將仕郎前汾州靈石縣令充國子監說書臣牛景

儒林郎試秘書省校書郎前陳州宛丘縣令充國子監直講編校秘閣書籍臣孫思恭

無為軍判官將仕郎試秘書省校書郎充國子監直講編校集賢院書籍臣錢藻

宣德郎行太常寺奉禮郎管勾國子監丞公事臣趙越

朝奉郎行太常寺太祝監國子監書庫武騎尉臣程高

宣奉郎守大理寺丞充國子監直講臣張[illegible]

宣德郎守大理寺丞充國子監直講兼駙馬都尉宅教授臣吳申

承奉郎守大理寺丞充國子監直講臣揚褒

朝散郎守國子監書學兼篆石經同判登聞鼓院騎都尉賜緋魚袋臣揚南仲

編脩實錄院檢討官朝奉郎尚書度支員外郎直秘閣兼充史館檢討同

知太常禮院兼丞事兼判官告院騎都尉賜緋魚袋臣呂夏卿校定

對詳朝奉郎尚書刑部郎中知制誥權同判吏部流內銓輕車都尉賜紫金魚袋臣邵必

看詳朝散大夫尚書刑部郎中知制誥充宗正寺脩玉牒官判太府寺護軍賜紫金魚袋臣祖無擇

翰林學士朝散大夫給事中知制誥充史館脩撰宗正寺脩玉牒官判太常寺兼禮儀事

權判尚書禮部工部兼管勾脩纂類篇兼判秘閣秘書省同提舉集禧觀公事兼

提舉校正醫書上輕車都尉濟南郡開國侯食邑一千一百戶食實封貳伯戶賜紫金魚袋臣范鎮

翰林學士兼侍讀學士朝散大夫右諫議大夫知制誥充史館脩撰判館事權

判尚書都省提舉在京諸司庫務兼提舉集禧觀公事上輕車

都尉太原郡開國公食邑二千三百戶食實封貳伯戶賜紫金魚袋臣王　珪

管勾雕造朝請郎守秘書省著作佐郎充國子監主簿臣畢　齊

朝奉郎起居舍人直龍圖閣兼天章閣侍講同知諫院兼管勾國子

監公事上輕車都尉賜紫金魚袋臣傅　卞

朝散大夫尚書工部郎中知制誥充史館脩撰宗正寺脩玉牒官兼權同判吏部

流內銓判國子監上騎都尉賜紫金魚袋臣蔡　抗

推忠協謀佐理功臣金紫光祿大夫行尚書吏部侍郎參知政事上柱

國天水郡開國公食邑三千戶食實封捌伯戶　臣　趙　槩

推忠協謀佐理功臣金紫光祿大夫行尚書吏部侍郎參知政事

柱國樂安郡開國公食邑二千戶食實封捌伯戶　臣　歐陽　脩

推忠協謀同德佐理功臣特進行中書侍郎兼戶部尚書同中書門下平章事集賢殿大

學士上柱國廬陵郡開國公食邑七千一百戶食實封貳阡貳伯戶　臣　曾　公亮

推忠協謀同德守正佐理功臣開府儀同三司行尚書右僕射兼門下侍郎同中書門下平章事兼昭文館大學士

監脩國史兼譯經潤文使上柱國魏國公食邑一万七百戶食實封參阡捌伯戶　臣　韓　琦

揚子法言通行者世德堂五臣音注十卷本，其源出纂圖互注，乃宋元之間建安書坊中人所為，併合改竄，殆非復各家真面目也。何義門學士獨校李軌注十三卷，云絳雲樓藏，序篇在末卷後，轉入泰興季氏，又歸傳是樓。予往嘗借臨何之密韻樓校本，與司馬溫公所見李本頗有不同，如第十一卷溫公云李本非是，尚容依隱玩世，其滑稽之雄乎。今景漢書明文顯然，而以義門之校全反此言耶。今年再至揚州，過石研齋主人，出示新得此書，按而稽之，在本卷第三葉首七行行字較前後獨多，而刻板深補痕迹尤宛然，方悟溫公所言者實初板也，義門所校者經後來修改者也，特前輩校書尚不曾據勘入此等處耳竟請見借覆校一過是正極多文繁不具又以溫公序文合諸最後名銜知為呂夏卿校定於治平二年國子監鏤板印行其音義別為一卷在全書之後名銜之前不題撰人名氏今無可考溫公云多引天復本未知天復何謂以予考之唐昭宗紀元天復盡四年歇後王建於蜀仍稱之然則天復本者蓋謂彼時之蜀本遠溫公日而已無有存焉者故不稱其言之纂圖互注本此音義目校亦未寫出真秘笈也其傳是樓散出之本予弗復見而聞錢景開言於乾隆四十五年間為桐鄉金雲莊輿買去今據以季徐諸氏圖記非即此所得也但必同

是治平監板已修本則與有不待目驗而後決然可斷者
矣校既畢因詳記於帙奉
澹翁太史審正 太史深患古籍源流當數蒙以所不
逮焉 嘉慶戊寅六月十日元和顧廣圻書

庚午小除夕藏園舉祭書之典邢君贊庭以是書來与
祭因留置齋中凡數月暇特取石研齋覆本對勘摹
雕精雅毫髮肖似可云善本然第十三卷第三葉鋟板時
尚闕遂取何義門校本依仿刊之今詳細審校此一葉中已
外訛六字以何氏勘書之精密尚有差失可知古書非目見
宋刊殊不可取信也余別有題記緣文字繁冗約二千餘言
不及寫附此帙後還書之日爰記其梗槩如此 贊庭昌締
觀之當知鄙言之不謬也辛未四月傅增湘記於藏園